# Colección
# Somos maestr@s

Ediciones SM se complace en publicar la colección **Somos maestr@s**,[*] cuyos títulos están dirigidos a un público amplio y versan sobre temas relacionados con la didáctica, la reflexión pedagógica y la gestión educativa.

Si bien esta colección fue concebida primordialmente para los docentes en servicio, las temáticas que abarca también pueden ser del interés de maestros en formación, estudiantes de pedagogía, autoridades educativas, padres y madres de familia, investigadores, promotores de lectura y, en general, para todas aquellas personas interesadas tanto en comprender y profundizar en aspectos educativos puntuales como en lograr avances significativos en la educación.

Uno de los fines de la colección es identificar experiencias de investigación e innovación educativa desarrolladas en México, con objeto de darles una difusión amplia, pues aunque las hay de gran calidad e importancia para el rumbo de nuestra educación, sus resultados no se conocen en el contexto escolar y permanecen sólo en los circuitos más especializados. Esta falta de difusión ocurre por diversas razones, una de ellas es el reto que entraña divulgar el conocimiento, es

---

[*] Ediciones SM refrenda a los maestros y las maestras su compromiso por la equidad de género, el cual se expresa en el logotipo de esta colección, pero con el fin de favorecer la fluidez de la lectura se utilizarán formas masculinas y genéricas del lenguaje a partir del primer capítulo de este libro.

decir, poner en lenguaje llano lo complejo. En este sentido, un conjunto de propósitos han guiado la concepción y el desarrollo de cada título:

- ❖ proporcionar a los docentes en servicio recursos que orienten su práctica en el aula, así como herramientas para el análisis y el desarrollo de propuestas innovadoras en la escuela;
- ❖ documentar experiencias pedagógicas exitosas;
- ❖ establecer las bases teóricas de estrategias que han probado su eficacia en el salón de clases y fuera de él;
- ❖ impulsar la discusión y el diálogo abierto entre todos los actores del ámbito educativo acerca de temas de interés.

Para lograr este ambicioso objetivo, **Ediciones SM** ha establecido una alianza estratégica con organizaciones e instituciones académicas de gran prestigio y compromiso con la educación; alianza que se ha concretado en la creación de un consejo editorial de la colección y de un comité editorial para cada una de las cuatro series que la conforman: Lectura y Escritura, coordinada por Alma Carrasco Altamirano, a cargo del Consejo Puebla de Lectura; Enseñar y Aprender, coordinada por David Block Sevilla, bajo la tutela del Departamento de Investigaciones Educativas del Cinvestav; Convivencia Escolar, coordinada por Cecilia Fierro y Miguel Bazdresch y auspiciada por la Red Latinoamericana de Convivencia Escolar, y Gestión Educativa, coordinada por Oralia Bonilla, iniciativa del colectivo Asesoría e Innovación Educativa.

**Somos maestr@s** es resultado del trabajo de muchas personas. A todas ellas, **Ediciones SM** agradece su colaboración.

**Somos maestr@s** quiere aportar en un momento en que el cambio es cualidad de la vida escolar. Esperamos que cada libro cumpla con los objetivos que nos hemos trazado.

Elisa Bonilla Rius
Coordinadora de la colección Somos maestr@s

# Serie Convivencia Escolar

El objetivo general de la Red Latinoamericana de Convivencia Escolar (RLCE) es movilizar en las escuelas la discusión sobre los temas y los problemas más relevantes de la gestión de la convivencia. Es decir, aquellos elementos clave que permitan reconocer y atender las cuestiones relativas a los procesos de apropiación de los valores que sustentan la inclusión y la ciudadanía democrática.

La RLCE presenta la serie **Convivencia Escolar** como parte de la colección **Somos maestr@s**. Este conjunto de títulos ofrece a los educadores, padres y madres de familia, así como a todos los interesados, textos con experiencias y reflexiones enfocadas desde la perspectiva de la convivencia en escuelas de América Latina.

Las ideas y los temas analizados han sido tomados de la vida cotidiana de docentes, directivos y alumnos; sus voces ayudan a transmitir a nuestros lectores los interrogantes, las tensiones, los sucesos y los aprendizajes significativos que se presentan en la vida diaria de los centros escolares, así como los descubrimientos que resultan de los esfuerzos por mejorar la convivencia.

Este proyecto editorial se propone entregar a los actores educativos herramientas para colocar la teoría al servicio de la práctica docente y de la gestión, utilizando los hallazgos pertinentes de investigaciones latinoamericanas y de otros países. Interesa resaltar la cotidianidad como el ámbito en que transcurre la convivencia escolar, con el objeto de resignificarla para construir estrategias y propuestas de intervención. Hacer propuestas prácticas que no dependan, por necesidad, de cambios estructurales en la escuela.

Los textos de la serie analizan diversos tópicos: el manejo de los conflictos en la escuela para hacer de ellos experiencias formativas; la atención de la mejora de los aprendizajes asumiendo la diversidad con todas sus implicaciones; la reflexión sobre la naturaleza de las conversaciones que sostenemos en la escuela; el análisis de casos sobre prácticas normativas, pedagógicas y de cuidado y aprecio en la escuela; la mejora del clima de confianza y reciprocidad solidaria mediante la participación de los padres y las madres de familia.

Los libros también contienen sugerencias para el ejercicio reflexivo del lector y de grupos de lectores, y propuestas de prácticas de relaciones de convivencia en el aula, en el patio y en la familia. Los autores confían en los educadores para adaptar y mejorar esas propuestas.

Para la RLCE es de interés resaltar que las relaciones sociales incluyentes y de participación, además de evitar un clima violento, propician una dinámica escolar promotora del aprendizaje y formadora de ciudadanos democráticos y solidarios: una de las tareas centrales de la escuela.

La colección está en manos de los lectores para aprovecharla y enriquecerla desde sus propias prácticas.

Coordinadores de la serie Convivencia Escolar

COORDINADORA DE LA COLECCIÓN SOMOS MAESTR@S
**Elisa Bonilla Rius**
(DIRECTORA DE CONTENIDOS Y SERVICIOS EDUCATIVOS DE EDICIONES SM)

CONSEJO EDITORIAL DE LA COLECCIÓN SOMOS MAESTR@S
**David Block Sevilla, Oralia Bonilla Pedroza, Elisa Bonilla Rius,
Alma Carrasco Altamirano, Cecilia Fierro Evans**

SECRETARIA TÉCNICA DEL CONSEJO EDITORIAL
**Cecilia Eugenia Espinosa Bonilla**

COORDINADORES DE LA SERIE CONVIVENCIA ESCOLAR
**Cecilia Fierro Evans, Miguel Bazdresch Parada**

COMITÉ EDITORIAL DE LA SERIE CONVIVENCIA ESCOLAR
**Miguel Bazdresch Parada, Cecilia Fierro Evans,
Isidora Mena Edwards, Carmen Cubero Venegas,
Patricia Carbajal Padilla, Regina Martínez-Parente Zubiría**

REVISIÓN TÉCNICA
**Verónica Macías Andere**

EDICIÓN
**Irma Ibarra Bolaños
Felipe G. Sierra Beamonte**

CORRECCIÓN
**Abdel López Cruz** (coordinación),
**Mónica Terán Méndez**

DIRECCIÓN DE ARTE Y DISEÑO DE LA COLECCIÓN
**Quetzatl León Calixto**

DIAGRAMACIÓN
**Constantine Editores, S.A. de C.V.**

COORDINACIÓN DE IMAGEN
**Ricardo Tapia García**

ICONOGRAFÍA
**Elia Pérez Pérez**

DIGITALIZACIÓN DE IMÁGENES
**Carlos A. López**

FOTOGRAFÍA
© **Carlos A. Vargas**
© **Salatiel Barragán Santos, 2013**
© **Thinkstock, 2013**
© **Archivo SM**

PRODUCCIÓN
**Carlos Olvera Ramírez, Lilia Alarcón**

*El viaje hacia la diferencia: la escuela inclusiva*
Carolina Hirmas y Liliana Ramos
Primera edición, 2013

D. R. © SM de Ediciones, S.A. de C.V., 2010
Magdalena 211, Colonia del Valle, 03100, México, D.F.
Tel: (55) 1087 8400
www.ediciones-sm.com.mx

ISBN (colección) 978-607-471-621-4
ISBN (obra) 978-607-24-0747-3

Miembro de la Cámara Nacional de la Industria Editorial Mexicana
Registro número 2830

Impreso en México/*Printed in Mexico*

# El viaje hacia la diferencia: la escuela inclusiva

# El viaje hacia la diferencia: la escuela inclusiva

Carolina Hirmas y Liliana Ramos

somosmaestras

*convivencia escolar* ·········

CONVIVENCIA
Red Latinoamericana
de Convivencia Escolar

# Contenido

# Prólogo

Una escuela inclusiva para una educación inclusiva. Y una educación inclusiva para una sociedad democrática

Este libro ha sido titulado por sus autoras: *El viaje hacia la diferencia la escuela inclusiva*. Su contenido nos invita y conduce en un viaje para "construir un camino hacia una educación inclusiva entendida como un sistema que reconoce que cada uno de sus educandos es un ser humano diferente de los demás". Se parte desde un acercamiento más conceptual que ratifica la igualdad de derechos entre las personas; se pasa por la caracterización de una escuela y de los docentes inclusivos, para culminar en una reflexión sobre el encuentro del otro. En un segundo tramo del viaje, se nos presenta, para la reflexión y el análisis, un conjunto de casos y situaciones para aprender a construir la educación inclusiva en las escuelas. El trayecto culmina con una necesaria reflexión pedagógica sobre nuestras creencias, que son piso, obstáculo y oportunidad de la educación inclusiva.

Al recorrer las páginas y hacer con Carolina y Liliana el camino que nos proponen, me surgieron tres reflexiones que quiero compartir.

*1. Educación inclusiva e individualismo*. Al poco andar/leer, empecé a sentir cierta incomodidad que se me transformó en pregunta: ¿esta fuerte insistencia en la singularidad de cada quien no será la penetración del individualismo, que nos inunda por doquier, también en la educación? ¿No sería más apropiada a los tiempos que corren una escuela en la que los estudiantes deban olvidarse un poco de sí mismos y adaptarse a las normas y exigencias del grupo? Al cavilar sobre estos interrogantes para discurrir una respuesta, me vi sorprendido por una paradoja que, estimo, resume bien la razón de ser del libro. Como las autoras lo denuncian, muy frecuentemente, la escuela por buscar la igualdad, incluso una igualdad que se considera el corazón de la democracia, niega las diferencias o solo las tolera. Al proceder así –y aquí viene lo paradojal– logra lo contrario de lo que busca: en vez de incluir, excluye y transforma en desiguales a los distintos. Por el contrario, cuando la escuela acepta "las diferencias", en vez de dividir logra la pretendida unidad de sus estudiantes porque solo entonces puede incluirlos a todos. La igualdad democrática se encuentra en el camino del reconocimiento, al "aceptar al otro como un legítimo otro"; se construye aceptando que el otro, con sus diferencias, es mi igual en dignidad y derechos. El "nosotros" que se opone al individualismo es fruto del viejo reconocimiento recíproco que nos enseña a "no hacer a los otros, lo que no queremos que nos hagan" (Confusio, Talmud, Nuevo Testamento).

*2. Escuela inclusiva y segregación escolar.* Con el permiso de las autoras demos un paso más en este viaje. Si hemos aprendido la lección habremos sido capaces de avanzar hacia una escuela inclusiva. Pero, ¿esta incorporación nuestra y de nuestros estudiantes a una escuela inclusiva dónde nos "incluye"? La escuela es solo una etapa. El "paso" por la escuela debe poseer la virtualidad de incorporar a los niños y jóvenes a algo mayor que ella que es la sociedad. Podríamos decir que en el mundo actual la educación escolar es el "rito de pasaje", a través del cual dejamos atrás el mundo privado y particular del hogar y nos incorporamos al mundo público, construido entre todos. Para poder cumplir con esta función la escuela debe tener las características que se quiere para la sociedad a la cual incluye, solo así los estudiantes, al dejar el mundo privado de sus familias e ir a la escuela, estarán acercándose al mundo social y público y preparándose para ser un sujeto activo y responsable en ella.

El rito de pasaje es, en todas las sociedades, una experiencia que permite a los jóvenes reinsertarse en la sociedad con un carácter y una función que no poseían antes. En nuestras sociedades democráticas la educación obligatoria, entendida como rito de pasaje, debe ser la experiencia social llamada a hacernos iguales en cuanto ciudadanos pese a nuestras diferencias. Iguales en derecho, iguales en ciudadanía. Iguales también en capacidad de respeto y tolerancia por las diferencias de los otros.

Para que esta experiencia de inclusión sea posible se requieren dos condiciones. Hasta acá nos hemos referido a una interna a la escuela: su capacidad de incluir a todos sus estudiantes, de tratarlos como iguales, para lo cual los reconoce en sus diferencias. La segunda condición sirve de sustento a la primera y se refiere a las características que debe tener la organización nacional de nuestra educación para que las escuelas puedan ser plenamente inclusivas. En palabras de las autoras: "Excluir, marginar o segmentar nuestros sistemas educativos, no solo atenta contra los derechos de los niños, sino que además la escuela no contribuye así a la cohesión social, por el contrario, aumenta los índices de violencia y pobreza de nuestras sociedades". Ahora bien, los sistemas educativos latinoamericanos –y en grado superlativo el sistema educativo chileno– excluyen y segmentan. A través de variados mecanismos terminamos teniendo escuelas para pobres, escuelas para ricos y escuelas que atienden a los sectores medios. Nuestras escuelas no son socialmente representativas de la sociedad sino segregadas. Si los estudiantes se distribuyen en las escuelas según su nivel socioeconómico y cultural o si la elite educa a sus hijos separados del resto de la sociedad, nuestras escuelas aunque internamente sean inclusivas no podrán cumplir a cabalidad su obligación de ser camino hacia una democracia incluyente. La segregación escolar confina a los estudiantes provenientes de distintos grupos sociales a tratar entre ellos; se les excluye de la convivencia con los diferentes, aún teniendo hipotéticamente los instrumentos para participar en ella. Desde este punto de vista, solo una inclusión educativa que permita la integración y la mixtura social en su interior, podrá dar lugar a ambientes plena y ricamente inclusivos donde haya diferentes y donde esos diferentes se respeten, entiendan y asuman la diversidad en sus múltiples formas y expresiones.

*3. Creencias, prejuicios y educación inclusiva.* Las últimas páginas de este viaje terminan con una reflexión sobre nuestras creencias. Las creencias nos son presentadas como "estructuras mentales pesadas de cambiar que determinan nuestros comportamientos [...], condicionan nuestras imágenes de los otros o incluso de nosotros mismos". La consecuencia suele ser nefasta para la educación. Estas creencias están fundadas en prejuicios [...] y derivan muchas veces en conductas discriminatorias".

Se trata de una realidad que vive en nosotros y que conocemos bien, tanto en nuestra vida diaria como en nuestro quehacer de educadores. Dos ejemplos escolares: uno, el conocido efecto Pigmalión o profecía autocumplida, de gran aplicación en el ámbito educacional: si un docente está convencido de que sus estudiantes son inteligentes y que aprenderán, el aprendizaje ocurrirá con mucha más probabilidad que cuando el profesor piensa lo contrario (que sus alumnos no tienen las capacidades de aprender). Otro es el efecto de la autoestima: un estudiante que fue catalogado como "malo para las matemáticas" y que aceptó esta etiqueta, difícilmente aprenderá matemáticas. Es una realidad que, además, de sus efectos dañinos, provoca mucho dolor. Tanto en los profesores que vemos, a veces, que los prejuicios nos vencen y actuamos injustamente, como en el o la estudiante que recibe una etiqueta descalificatoria.

Por todo lo expuesto es de gran interés el material aportado para que los educadores trabajemos sobre nuestras creencias y prejuicios. Al respecto quisiera observar que este trabajo además de importante es muy liberador si se tiene en cuenta que las creencias "simplemente se reproducen sin cuestionamientos". En otras palabras, los prejuicios vienen a nosotros automáticamente, con la incorporación a una cultura, con la visión del mundo inserta en el lenguaje en el que crecimos y nos reconocimos. Como se ha observado sabiamente: no tenemos responsabilidad –y por tanto no cabe la culpabilidad– en relación con ellos, ya que son la encarnación de aquellos discursos históricos que nos constituyen. Nuestra responsabilidad es trabajar sobre ellos y, a partir de ellos, para aprender a aceptar la diferencia y legitimidad de quienes provienen de un discurso histórico diferente (Echeverría, 1998). Solo deberíamos sentir culpa si nos quedamos atrapados en nuestros prejuicios.

En suma, se agradece la publicación de este libro porque abre e ilumina el camino de la educación inclusiva. Nos desafía personal y colectivamente a revisar nuestra mirada sobre nosotros y sobre los otros, sean nuestros pares o nuestros estudiantes.

Juan Eduardo García-Huidobro S.*

---

* Doctor en Ciencias de la Educación y en Filosofía, investigador del Centro de Estudios de Políticas y Prácticas en Educación. Inició su carrera como profesor de Filosofía. Durante 15 años se desempeñó como investigador del Centro de Investigación y Desarrollo de la Educación (CIDE). Trabajó en el Ministerio de Educación de Chile por 10 años, fue coordinador del Programa de las 900 Escuelas y jefe de la División de Educación General. Fue director del CIDE, fue decano de la Facultad de Educación de la Universidad Alberto Hurtado y cuenta con más de un centenar de publicaciones.

# Introducción

¿Ha viajado usted a un lugar desconocido? ¿Qué emociones le han acompañado en ese viaje? Unos minutos de silencio y el paisaje se recrea completo en nuestra mente; vienen a la luz sabores, colores, sonidos y formas de un paisaje inédito. La curiosidad se alerta junto con los sentidos, se abre el espíritu a la magia de lo desconocido. Algunas diferencias nos impresionan, nos mueven de nuestros patrones, de nuestras certezas... Es agradable también ser el otro, el nuevo, el visitante en otra tierra. Hay un cambio en nosotros cuando viajamos y nadie nos conoce, quizá somos un poco más libres, más atrevidos para explorar. La maravilla de la diferencia incita a recorrer y curiosear, a introducirnos en ese nuevo mundo.

Las personas, con sus costumbres, su lengua y sus hábitos, son tan desconocidas como el paisaje que habitan. El encuentro con otros resulta, por lo general, un espacio de extrañezas y de asombro. Es natural que existan diferencias y se acepten, aquí o allá. La actitud del viajero es de apertura, receptividad, silencio, observación y escucha... Nos dejamos sorprender, estamos atentos a descubrir "la otredad". Lo distinto es distinto, se suspende el juicio ante la novedad. Quizá por eso los viajeros van construyendo una comprensión del mundo más amplia, más creativa y menos prejuiciosa.

El propósito de este libro es dialogar en torno a la escuela inclusiva como un viaje. Somos extraños y semejantes a la vez, tenemos características en común y otras que nos distinguen y podemos descubrir. La escuela inclusiva se alza como un camino para coordinar las diferencias y entender, como señala Mascareño (2000), que la visión individual del mundo corresponde a una posición alternativa y contingente entre otras, con las cuales no se debería relacionar de manera jerárquica, sino coordinarse con ellas.

La diferencia en la escuela, sin embargo, suele ser tolerada y tratada como un fenómeno problemático. Se nos ha preparado para educar a un supuesto alumno  promedio. Nos han enseñado que para trabajar con los estudiantes debemos suprimir las diferencias. No estamos acostumbrados a distinguir talentos, necesidades, contextos, intereses... a lo más, las consideramos cuando nos encontramos con ciertos "déficit" de aprendizaje. La idea de las inteligencias múltiples no es más que un tópico de academia; se nos apremia a preparar a los estudiantes para rendir de acuerdo con determinados estándares. No hay tiempo para "distraerse" en una pedagogía que considere las particularidades, ritmos o estilos de aprendizaje, ni en el universo de significados que llevan los niños de sus hogares, barrios y territorios. La diferencia aparece como un problema.

No es extraña la irrupción de la diversidad en el aula. El acceso universal a la educación modificó el escenario escolar. A las escuelas asiste una población altamente heterogénea, no solo en cuanto a condiciones materiales de vida, sino también en cuanto a cultura y capacidades. De modo que ese niño promedio resulta un autoengaño... *la diferencia es la norma.*

Esta obra invita a los profesores a construir una escuela inclusiva, entendida como un sistema que reconoce la diversidad humana como su principal riqueza. Cuestionamos la forma en que con frecuencia se concibe la educación inclusiva, abriendo camino desde el planteamiento de que existe un "grupo de diversos" en un sistema conformado por sujetos "normales" hacia el reconocimiento de la diferencia como condición de lectura de la realidad. Sabemos que la distancia entre estas dos perspectivas surge, entre otras razones, de la manera como las políticas educativas han tratado la integración escolar de grupos vulnerables, centrándose en favorecer la incorporación de niños con discapacidad a escuelas regulares o la integración escolar de grupos étnicos, lo cual ha alimentado la creencia de que estos grupos deben asimilarse a la oferta educativa imperante.

Pero, *¿acaso es posible educar para la diversidad, considerando capacidades, talentos, culturas, contextos e intereses distintos?* Pensamos que no solo es posible, sino que es la única alternativa viable para educar con eficacia. Las trayectorias de aprendizaje requieren ajustarse de acuerdo con las *zonas de desarrollo próximo*, teniendo en cuenta que el saber se sitúa y distribuye socialmente.

En el primer capítulo se explican aspectos afines a la educación inclusiva, relativos a sus fundamentos, su evolución y concreción en la escuela. Además se reflexiona acerca de cómo se construyen las relaciones con el otro, desde la perspectiva de la inclusión. En el segundo capítulo se analizan casos y situaciones en que se conjugan aspectos relevantes para la construcción de comunidades educativas inclusivas. En el tercer capítulo, de cierre, se estudia el fenómeno de las creencias, es decir, los cimientos sobre los cuales se construyen las relaciones con la diferencia y se analiza cómo estas condicionan las formas de vincularse con "el otro".

Carolina Hirmas y Liliana Ramos

# CAPÍTULO I

# La igualdad y la diferencia

## 1.1. ¿IGUALDAD DE QUÉ?

La uniformidad es la muerte; la diversidad es la vida.

(Mijail A. Bakunin)

*Los seres humanos compartimos una misma naturaleza* y, como parte de ella, somos singulares, únicos, excepcionales. La igualdad no alude a nuestra naturaleza común, sino a que tenemos los mismos derechos. Así se consigna en el artículo 1º de la Declaración Universal de Derechos Humanos (DUDH): "Todos los seres humanos nacen libres e iguales en dignidad y derechos y, dotados como están de razón y conciencia, deben comportarse fraternalmente los unos con los otros" (1948). Sobre la premisa de la igualdad universal se funda la sociedad actual: "A pesar (y a partir) de la heterogeneidad entre los individuos, todos somos depositarios de ciertos derechos, beneficios y oportunidades que nos corresponden por el hecho mismo de vivir en sociedad" (Barros, 1996).

Reconocer esas diferencias no implica que seamos superiores a los demás ni que ciertas características humanas sean más valiosas que otras; al contrario, significa distinguir en cada persona su singularidad y, por tal motivo, su derecho a ser respetado y valorado.

"La desigualdad se produce cuando se establecen jerarquías entre las personas en función de criterios como la raza, el origen social o el género, que conducen a la discriminación, la exclusión y a estar en desigualdad de condiciones para aprovechar las oportunidades educativas y sociales" (Blanco, 2008). La negación de las diferencias, su valoración negativa, su jerarquización y los estereotipos han llevado a excluir y discriminar a los otros.

Evitarlas es una primera forma de exclusión que impide aprovechar la riqueza de la diversidad como una fuente de aprendizaje tanto para los demás como para sí mismos. A menudo escuchamos la confusión entre "hacer diferencias" y "reconocer diferencias". Por ejemplo, un director de escuela comenta lo siguiente respecto a las diferencias de origen de los estudiantes: "Entiendo que la diversidad no es un tema, somos todos muy parecidos". Otro docente las explica de esta forma: "El rol del profesor frente a sus alumnos es eliminarles toda esa diferencia que hay entre los mismos de su comunidad, porque entre ellos hacen diferencia". Asimismo, una profesora manifiesta: "No me gusta acentuar las diferencias, sobre todo porque a veces se habla de 'interculturalidad' y lo que se hace es tomar a la niñita, vestirla con un atuendo mapuche[1] y hacerla bailar un bailecito. Eso es más que nada, folclorizar la cultura, pero no es rescatarla o valorarla, pues qué sabe uno de lo que esa niñita está pensando, a lo mejor ni ella sabe por qué está ahí" (Hirmas y Stingo, 2000).

*¿Por qué "eliminar" las diferencias?, ¿acaso significa ser equitativos en el trato que damos a los estudiantes?*

¿Por qué eliminar las diferencias?, ¿acaso significa ser equitativos en el trato que damos a los estudiantes? Si las ignoramos, ¿qué oportunidades le estamos brindando a la persona para su desarrollo? ¿Qué se le está enseñando?, ¿qué aprende?

La "invisibilización" de las diferencias no nos hace más justos. Si bien se requiere tratar a los alumnos de forma digna y acogedora, ignorar sus disimilitudes resulta inútil en los procesos de desarrollo individual, es decir, de la personalidad y autonomía. Para crecer necesitan ser vistos y reconocidos en su singularidad. Esto es

---

1 Indígenas del sur de Chile y Argentina.

fundamental en la construcción de la identidad personal e indispensable en la formación de la autoestima. Sabemos que una autoconcepción positiva permite "buscar oportunidades, tener realizaciones y resistir obstáculos y contratiempos. Cuando falta, las personas se hacen dependientes, son poco perseverantes y carecen de audacia para las elecciones existenciales" (Milicic, 2001, p. 24).

También es cierto que no por nacer en un determinado país o tener ciertas raíces culturales, las personas con las que se comparten ese origen son idénticas. La ascendencia marca, pero no limita la identidad. Constantemente los seres humanos asimilan e interiorizan elementos de diversa procedencia: sin ir más lejos, a la cultura de origen se agrega la generacional, de género, religiosa, familiar, entre otras. Folclorizar esta cultura, como muy bien ilustra la maestra, restringe el desenvolvimiento y desarrollo de nuevas identidades, facetas o nuevos mundos internos. Cuando encasillamos a otros, los estereotipamos y, por ende, promovemos su exclusión. A los indígenas solemos reducirlos a una caricatura de su etnia y, de esta manera, ocasionamos que no interfieren en nuestras creencias ni afecten o cuestionen nuestro modo de pensar. Con relatos y juicios sobre ellos los encerramos en un patrón del cual nos distanciamos.

La educación está obligada moralmente a eliminar o minimizar las desigualdades sin anular o desvalorizar las diferencias, ya que el trato uniforme profundiza las desigualdades y atenta contra el derecho a la identidad (OREALC/UNESCO, 2007). Este deber también es una necesidad social de dar una respuesta educativa pertinente y coherente a la diversidad efectiva que caracteriza a nuestras sociedades y que los sistemas escolares tienden a anular. Al respecto, Mascareño propone que la educación debe "renunciar a su anhelo de uniformidad social que la guió desde la organización de las Repúblicas, para encontrar la legitimidad en las diferencias que quiso absorber" (2000, p. 1). Así, el autor plantea que la educación debe orientarse a coordinar las diferencias, más que a nivelarlas.

No por el hecho de nacer en un determinado país o tener ciertas raíces culturales, somos de una manera uniforme e idéntica a las otras personas de ese mismo origen.

¿Qué enseñamos a los estudiantes cuando ignoramos las características que los vuelven singulares? Les mostramos que ser distinto es perjudicial, mejor ocultar aquello fuera de lo común; que existe una supuesta normalidad; que lo mayoritario o dominante es bueno y lo peculiar es negativo. Les estamos enseñando también a evitar conocer al otro en su diferencia, en aquello que precisamente lo hace único: la total negación de sí mismos.

## Igualdad de derechos, el punto de partida de la escuela inclusiva

Cuando una sociedad y los sistemas educativos no confían en su capacidad de enseñanza en contextos complejos de vulnerabilidad y diversidad, segregan o expulsan a quienes representan una dificultad para la escuela. Con ello, reproducen y refuerzan el círculo de la exclusión, anulando los derechos humanos. Los niños que rotan de escuela o se sienten impulsados a abandonarla van edificando una historia de fracasos, lo que daña de manera profunda su autoestima y cultiva un resentimiento que los margina cada vez más. El sistema educativo construye así "escuelas de desecho" adonde llegan quienes no son acogidos.

Se escucha con frecuencia la frase políticamente correcta "esta escuela no está preparada para recibir a dicho alumno" o "su hijo necesita estar en otro lugar". Si bien es fundamental que docentes y directivos reconozcan sus limitaciones para educar a ciertos alumnos, una escuela que con honestidad admite su falta de competencias y recursos para desempeñarse eficazmente frente a dificultades de los estudiantes puede optar por capacitarse y buscar el apoyo necesario para garantizarles la posibilidad de participar en la sociedad y concretar su proyecto. Para construir sistemas educativos más justos, se requiere proveer a las escuelas que funcionan en contextos de mayor vulnerabilidad de los equipos directivos y docentes más competentes, cuya formación sea permanente, y de las mejores condiciones materiales. Así se lleva a cabo en países con un

Los niños y niñas que rotan de escuela en escuela o se sienten impulsados a abandonarla, van edificando una historia de fracasos, lo que significa un daño profundo a su autoestima.

sistema educativo que ha logrado los más acelerados progresos en el mundo (Barber y Mourshed, 2007).

Excluir a un niño del sistema educativo por diversas circunstancias es violar uno de sus derechos fundamentales. El derecho a la educación se expresa en la DUDH y se ratifica en las Cartas Constitucionales de la región. La UNESCO reconoce que la educación permite ejercer otros derechos, pues sin ella resulta difícil conseguir un empleo digno, expresarse con libertad o participar en la vida política de un país. Por ello, sostiene que considerar a los niños sujetos de derechos es, sin duda, un gran avance de la humanidad (OREALC/UNESCO, 2007, p. 27).

Tener los mismos derechos y oportunidades brinda la libertad de decidir. Como señala Amartya Sen (1999), la verdadera equidad consiste en la igualdad de capacidades para actuar en la sociedad y elegir dentro de un conjunto de opciones (Blanco, 2006-2007). La educación inclusiva se fundamenta precisamente en un enfoque de derechos y postula una educación que empodere a las personas y les entregue herramientas para ser artífices de su destino y defensores de la dignidad humana.

*Tener los mismos derechos y oportunidades, brinda la libertad de decidir.*

La DUDH (1948), la Declaración de los Derechos del Niño (1959) y el Pacto Internacional de Derechos Económicos, Sociales y Culturales (1966) atribuyen como principal labor de la educación el pleno desarrollo de la personalidad humana, con énfasis en el fortalecimiento del respeto a los derechos humanos y a las libertades fundamentales, además de favorecer la comprensión, la tolerancia y la amistad entre los pueblos, y capacitar a las personas para participar efectivamente en una sociedad libre.

A las convenciones y declaraciones citadas se suman otras más que confirman la igualdad de oportunidades en el ejercicio del derecho a la educación sin discriminación de ningún tipo. Cabe destacar la Convención contra toda forma de Discriminación en Educación (1960); en ella se considera que la discriminación es cualquier distinción, exclusión, limitación o preferencia basada en raza, género, lengua, religión, motivos políticos u otros tipos de opinión, origen social y económico, país de origen. Asimismo, se advierte que sus propósitos son 1) limitar a determinadas personas o grupos el acceso a cualquier tipo y nivel educativo; 2) establecer o mantener sistemas educativos separados o instituciones, y 3) dar a ciertos individuos o agrupaciones un trato incompatible con la dignidad humana.

---

### Declaraciones y convenciones

Entre estos instrumentos se encuentran la Convención internacional sobre la eliminación de todas las formas de discriminación racial (1965), la Convención sobre la eliminación de todas formas de discriminación contra la mujer (1979), la Declaración Universal sobre la Diversidad Cultural (2001), la Convención sobre los derechos de las personas con discapacidad (2006) y la Declaración de las Naciones Unidas sobre los derechos de los pueblos indígenas (2006).

---

**¿Por qué son tan relevantes estas convenciones?** Su ratificación por parte de los países actúa como un marco protector de las personas y, a la vez, les entrega el poder para hacer valer sus derechos. Los individuos ya no quedan a merced de los Estados ni de otras personas u organismos; ahora tienen una personalidad legal que les permite ejercer sus derechos (aún con más fuerza, pues estos ya forman parte de los derechos constitucionales de las naciones) y los compromete al mismo tiempo a respetar los de los demás.

## Igualdad de derechos, diferentes oportunidades

Los ciudadanos son iguales en dignidad y derechos, pero esto no significa que tengan las mismas oportunidades. Los derechos económicos, sociales y culturales como salud, trabajo, educación, cultura, medio ambiente sano, salario digno, entre otros, humanizan a los individuos, sus relaciones y el entorno en que se desarrollan. Sin

Si los individuos no cuentan con los derechos económicos, sociales y culturales no es posible que ejerzan los derechos fundamentales de equidad y libertad.

estas condiciones materiales y simbólicas de existencia no es posible ejercer los derechos fundamentales de equidad y libertad.

Lamentablemente América Latina se caracteriza por ser la región del mundo con mayores desigualdades. Por ejemplo, el ingreso de las personas más ricas (10% de la población) supera veinte veces o más al de las más pobres (40% de la población) (CEPAL, 2005). A su vez, la historia de pobreza y desigualdad ha conducido a la exclusión social, en la cual habitantes de un mismo territorio mantienen diferencias muy marcadas en su calidad de vida. Si bien hay contrastes entre países y escuelas, así como grupos que en mayor medida son excluidos y discriminados, esto también sucede con los estudiantes con necesidades educativas especiales, los indígenas y afrodescendientes, la población rural, los que viven en contextos de pobreza, las mujeres, los niños que viven o trabajan en la calle, los migrantes, los que portan VIH/sida o las adolescentes embarazadas. Estas desigualdades y exclusiones históricas desfavorecen a unos grupos más que a otros en sus posibilidades de aprender y desarrollarse; por lo tanto, se vuelve indispensable equiparar las oportunidades que se les brindan desde la escuela y la sociedad.

La historia de pobreza y desigualdad ha conducido a una situación de exclusión social, donde habitantes de un mismo territorio mantienen desigualdades muy marcadas en su calidad de vida.

¿En qué medida la escuela puede responder a estas desigualdades de base? ¿Cuánta responsabilidad tiene en los resultados de aprendizaje de los alumnos? Un estudio comparativo entre países de Latinoamérica (UNESCO/LLECE, 2008) muestra que los resultados de aprendizaje son 30% en lectura y 40% en matemáticas, sin considerar la influencia de factores como el nivel educativo de la familia y las condiciones de vida del estudiante. Muchos otras investigaciones indican una incidencia menor de la escuela en los resultados (alrededor de 25%). Este aspecto se debe considerar a la hora de atribuir el desigual desarrollo de la sociedad a la mala educación que brinda la escuela, pues permite comprender la importancia y la fuerza de otras políticas sociales, culturales y económicas. Precisamente los índices más altos de ausentismo, repetición de curso, deserción y bajo aprendizaje se concentran en grupos de mayor exclusión.

*Una buena educación puede marcar la diferencia en la vida de un niño o niña.*

Sin embargo, hoy sabemos con certeza que 25, 30 o 40% de incidencia de la escuela en los resultados de aprendizaje es crucial para romper el círculo vicioso de la exclusión. Una buena educación marca la diferencia en la vida de un niño, y por tanto, es necesario que los docentes, directivos y profesionales asuman su responsabilidad de brindar oportunidades reales de mejora tanto en sus aprendizajes como en su desarrollo integral. De ahí el deber insoslayable de que los maestros consideren esas desigualdades un punto de partida para impulsar procesos educativos.

En las escuelas se suele expulsar a quienes presentan más dificultades para aprender o, en contraste, se selecciona a los de mejor rendimiento, pues se piensa que así se mantiene un estándar más alto. No obstante, los estudios sobre factores asociados a un mejor desempeño académico demuestran que la heterogeneidad en la formación de grupos contribuye a aumentar los resultados del país y que, en contraste, la segmentación es índice de bajos resultados (PISA, 2004; UNESCO/LLECE, 2008). Si bien enseñar a un grupo más homogéneo y sin dificultades de aprendizaje resulta más cómodo para el docente, la riqueza de perspectivas, inteligencias y talentos se pierde. El trabajo de Barber y Mourshed (2007) constata que los sistemas educativos con más alto desempeño en el mundo ponen en práctica procesos diseñados para asegurar que todos los alumnos aprendan: "Fijan altos objetivos a alcanzar por todos y cada uno de los niños, y luego monitorean su desempeño en comparación con las expectativas, interviniendo allí donde estas últimas no son satisfechas" (p. 57). En cambio, excluir, marginar o segmentar desde el sistema educativo atenta contra los derechos de los niños; además la escuela no contribuye de este modo a la cohesión social, al contrario, aumenta los índices de violencia y empobrece el potencial creativo y productivo de la sociedad.

Dado que los seres humanos tenemos características que nos diferencian entre sí y condiciones individuales que nos ponen en desventaja o ventaja respecto a los demás, la manera de tratarlas debe

ser distinta, de modo que cada persona reciba los apoyos y los estímulos necesarios para aprender y desarrollarse; a eso se refiere el
concepto *equiparar oportunidades.*

## Incluir y convivir democráticamente

Las políticas que favorecen la inclusión y participación de todos promueven la vitalidad de la sociedad civil y el desarrollo de las capacidades creadoras que alimentan la vida pública, de acuerdo con el
artículo 2° de la Declaración Universal sobre la Diversidad Cultural. Los valores de la democracia, como igualdad, libertad y frater-
nidad, son la brújula que guía la política institucional y el tónico que
permea la cultura escolar. La ética personal y ciudadana se encarna
tanto en el currículo explícito como en el estilo y las formas de relación
entre los miembros de la escuela.

Equiparar oportunidades es recibir
los apoyos y estímulos necesarios
para aprender a desarrollarnos.

David Held define la democracia como "un mecanismo que
confiere legitimidad a las decisiones políticas cuando se adhieren
principios, reglas y mecanismos adecuados de participación, representación y responsabilidad" (2002: p. 333). En cuanto al aprendizaje, Cullen lo concibe como "aprender a resolver democráticamente
y con argumentación de derechos y deberes, los conflictos de poder y
las normas; aprender a participar democráticamente en las decisiones y aprender a *convivir de manera pluralista*, más allá de la mera
tolerancia" (2004, p. 38).

Si un día colocáramos en una escuela inclusiva ideal una vi-
deocámara para grabar, veríamos con cierta regularidad varias situaciones: una ceremonia de bienvenida a un estudiante nuevo; una
de despedida a un profesor; compañeros que se alegran del buen
trabajo que presentó un integrante de su grupo al que le cuesta
aprender; alumnos que intervienen en el patio y median cuando se
presenta una conducta homofóbica o de burla hacia un compañero
con discapacidad; tres profesores que imparten clases de manera co-
laborativa y complementaria para tratar temas como el cuidado del
agua y otros recursos naturales; representantes institucionales que

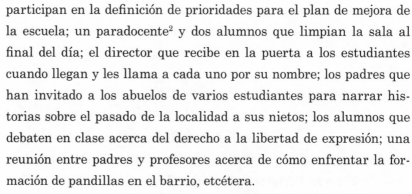

participan en la definición de prioridades para el plan de mejora de la escuela; un paradocente[2] y dos alumnos que limpian la sala al final del día; el director que recibe en la puerta a los estudiantes cuando llegan y les llama a cada uno por su nombre; los padres que han invitado a los abuelos de varios estudiantes para narrar historias sobre el pasado de la localidad a sus nietos; los alumnos que debaten en clase acerca del derecho a la libertad de expresión; una reunión entre padres y profesores acerca de cómo enfrentar la formación de pandillas en el barrio, etcétera.

¿Qué tienen en común las situaciones mencionadas? La responsabilidad de la participación y el progreso de la escuela son compartidos por sus integrantes. Se trata de una auténtica comunidad inclusiva y democrática, ya que "todos los miembros de una colectividad incluyen en su deseo lo deseable para el todo, entonces no hay distinción entre el bien común y el bien individual: la asociación se ha convertido en una comunidad" (Villoro, 1997, p. 359).

La escuela inclusiva y democrática pone en práctica de manera sistemática, por medio del currículo explícito, habilidades cívicas como informarse, debatir, argumentar, influir, llegar a acuerdos, organizar, dialogar reflexiva y críticamente, evaluar, elaborar normas y respetarlas, entre otras. Asimismo, se educa el desarrollo de la inteligencia emocional mediante actividades orientadas al autoconocimiento, autorregulación, motivación, empatía y desarrollo de habilidades sociales (Goleman, 1996). Este trabajo acompaña los procesos pedagógicos, ya sea en el recreo, en horario extraescolar o durante las clases de diversas asignaturas, implementando talleres en el área de orientación, formación cívica, ética, derechos humanos u otra de ese ámbito.

Desarrollar valores inclusivos y democráticos es parte fundamental de la misión de la escuela inclusiva. El modo en que el niño y el joven interiorizan valores y normas depende en gran medida de cómo se han sentido frente a los adultos cuando las han

El progreso de la escuela es asumido como una responsabilidad compartida por todos sus miembros.

---

2 En Chile, personal auxiliar de la docencia.

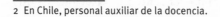

transgredido o se les ha sancionado. Por ello, la escuela inclusiva favorece la capacidad de reflexión de los estudiantes sobre sus propias conductas. No se les sermonea ni se les impone un pensamiento, sino que se busca, mediante el diálogo, que analicen las consecuencias de sus actos, se responsabilicen de ellos y se comprometan con aquellas actitudes y prácticas benéficas para todos.

## 1.2. La respuesta a la diversidad en la escuela

Educar es conmover. Educar es donar. Educar es sentir y pensar no apenas la propia identidad, sino otras formas posibles de vivir y convivir. Si ello no ocurriera en las escuelas, probablemente el desierto, el páramo, la sequía, ocuparían todo el paisaje de los tiempos por venir.

(Carlos Skliar)

*Suele ser común escuchar la frustración* de algunos docentes en su intento por hacer progresar a sus estudiantes al unísono. Así lo comenta una profesora de una escuela pública en Chile: "Pero como te digo, cuesta trabajar aquí. La frustración de no poder avanzar con todo el curso igual, parejo, siempre hay unos que se quedan atrás y tengo que devolverme, otros que quieren (avanzar) más y más, y otros que se quedan ahí".

Mediante el diálogo los estudiantes observan las consecuencias de sus actos con la finalidad de hacerse responsables de los mismos.

Es comprensible la frustración que conlleva intentar conducir un proceso de aprendizaje y llevar a los alumnos a buen puerto. Pero precisamente ese afán de igualarlos está entrampando la tarea del profesor. Las maneras de enfrentar las experiencias de aprendizaje son distintas para cada estudiante, varían de acuerdo con factores como origen social y cultural, género, y características individuales relativas a capacidades, motivaciones, ritmo y estilos de aprendizaje. La educación inclusiva implica una *visión diferente de la educación basada en la diversidad* y no en la homogeneidad (Blanco, 2005). Desde esta perspectiva la variedad se concibe como un aspecto positivo que enriquece los procesos de aprendizaje y el pedagogo se enfoca en cómo potenciar esas capacidades y características. La realidad del aula es compleja; solo si la asumimos como tal estaremos en condiciones de desarrollar las competencias docentes y desplegar las estrategias y herramientas adecuadas para trabajar las diferencias.

En este contexto, la educación inclusiva supone un cambio de paradigma en el sistema, ya que significa una ruptura con la tradicional lógica de exclusión escolar, debida a los sistemas de evaluación que determinan quiénes son aptos para integrarse y quiénes no. Mascareño plantea que no es posible responsabilizar a la educación por una sociedad más igualitaria si "su lógica de funcionamiento es la selectividad pedagógica y ella es esencialmente discriminatoria [...] no todos pueden aprobar, no todos pueden saber lo mismo" (2005, p. 7).

Como todo proceso de cambio social, la educación inclusiva es una construcción histórica que ha transitado por diversas etapas en que progresivamente se ha ido tensionando al sistema escolar y sus regulaciones. Al analizar, por ejemplo, la puesta en marcha de proyectos educativos abiertos a estudiantes con discapacidad o pertenecientes a otras culturas reconocemos tres fases: la *inserción*, la *integración* y la *inclusión*. Estas se distinguen en tres elementos centrales: el primero alude a las implicaciones respecto al funcionamiento del sistema escolar; el segundo, a las formas de comprender las problemáticas del aprendizaje, y el tercero, a las implicaciones de actitud de los niños frente al "otro diferente". La descripción de esas etapas sirve como marco de referencia para interpretar la experiencia de las organizaciones educativas que han abierto sus puertas a alumnos con características diversas, analizando el sentido de su quehacer, sus barreras y sus oportunidades de mejora.

**Etapa de inserción**: en general se relaciona con las primeras experiencias de acogida a niños con discapacidad, indígenas, migrantes u otros grupos marginados en la escuela regular. Por ejemplo, este recibimiento se ha dado a los alumnos con discapacidad por la movilización de familias que tienen más hijos en la escuela o han pugnado por que los acepten en búsqueda de nuevas oportunidades

La educación inclusiva implica una visión diferente de la educación basada en la diversidad y no en la homogeneidad.

para ellos. Así, esta recibe a los estudiantes, pero no modifica su funcionamiento o currículo para promover el aprendizaje, más bien los admite para que ellos se beneficien del contacto con patrones de "normalidad" o para impregnarse de la cultura dominante.

Desde el punto de vista de las actitudes, estos alumnos son tolerados mas no reconocidos como iguales. En el ámbito de la discapacidad y la homosexualidad, las actitudes evidentes en la inserción se asocian a la postura médica, desde el cual se asume que el sujeto es alguien enfermo y debe ser sanado en lo posible.

Además, la perspectiva de derecho no fundamenta que la escuela reciba al estudiante con esa característica, sino la visión asistencialista o caritativa; desde ella se brinda un espacio de acogida a alguien considerado débil o inferior. En el caso de los estudiantes indígenas en la escuela regular la situación es parecida: se ignora o califica de inferior su lengua y cultura, e incluso se les llegó a prohibir hablar en su idioma, pues se pretende que aprendan solo lo que se enseña en el currículo oficial.

Muchos docentes y directivos asumen que su escuela es inclusiva porque abre sus puertas a los niños sin discriminarlos por factores como género, nacionalidad, cultura, capacidades de aprendizaje o nivel socioeconómico. Al preguntar a docentes y directivos si su instituto es inclusivo la respuesta suele ser la siguiente: "Este es un proyecto inclusivo absolutamente. Se acepta, no se selecciona…" o bien, "Es una escuela que acoge a todos, recibe a todos, no hace excepciones" (miembros de equipo directivo, escuela pública de Chile).

Expresiones de este tipo dan cuenta de que estos establecimientos permiten la inserción, pero no necesariamente incluyen. Si bien una condición básica de una escuela inclusiva es aceptar a todos los niños sin excepciones (*condición de acceso*), hay también otros factores relevantes que la determinan: liderazgo, organización y participación escolar; clima y convivencia; gestión curricular y de recursos. Una vez dentro de ella, pueden presentarse situaciones de exclusión, por ejemplo, la discriminación a estudiantes migrantes;

La homosexualidad no es una enfermedad. Es una condición sexual.

un currículo que no contempla la enseñanza de la lengua materna en ese idioma a un grupo mayoritario de estudiantes indígenas o miembros de la comunidad sorda, o bien, la ausencia de una enseñanza adaptada y evaluaciones diferenciadas para un alumno con alguna discapacidad.

¿Ha escuchado alguna vez a un padre o madre decir "Mi hijo presentaba enormes dificultades de aprendizaje en la otra escuela y cuando lo cambié aquí comenzó a irle mucho mejor, y los profesores están muy satisfechos con sus mejoras"? O bien, ¿ha escuchado qué significó para un estudiante el traslado a otra escuela? Un alumno lo describe así: "Este colegio ha sido un cambio y siempre lo voy a recordar. Antes era regular en el (otro) colegio, yo repetí un año y este año me ha ido súper bien, gracias a los consejos de los profesores, la directora, los inspectores, nunca fijándome en los demás sino preocupándome de mí día a día" (estudiante, escuela pública de Chile). Estos testimonios constatan una y otra vez que la escuela marca la diferencia.

*Una condición básica de una escuela inclusiva es aceptar a todos los niños y niñas sin excepción, lo que podemos denominar como condición de acceso.*

Los aportes del socio-constructivismo nos muestran que los aprendizajes son de naturaleza interactiva, es decir, aprendemos al interactuar con los demás, con los materiales de enseñanza, con el entorno y los estímulos que recibimos del ambiente y de las personas que nos rodean. *Por ello, desde la perspectiva de la inclusión, las dificultades que presentan los estudiantes no solo se atribuyen a sus características individuales* (capacidades, origen social, capital cultural de la familia, etc.), *sino a la escuela y al sistema educativo en su conjunto.* Para que el alumno avance en sus aprendizajes no basta con que le atienda un especialista en lenguaje, un psicopedagogo, o reciba tratamiento psicológico: la clase de oportunidades y apoyos que se le brinden en la escuela serán decisivos. "La rigidez de la enseñanza, la falta de pertinencia de los currículos, la falta de preparación de los docentes para atender la diversidad y trabajar en equipo, o las actitudes discriminatorias son algunos de los factores que limitan no solo el acceso, sino la permanencia y los logros del alumnado" (Blanco, 2006).

**Etapa de integración:** es de mayor evolución que la anterior, debido a que la escuela asume la responsabilidad de la enseñanza y del aprendizaje de todos los niños. A modo de ejemplo cabe señalar que en algunos países esta fase se ha consolidado con los denominados proyectos de integración escolar, mediante los cuales el Estado brinda mayores recursos para atender a estudiantes con necesidades educativas especiales (NEE). Asimismo, en la integración el "currículo regular manda", es decir, las decisiones se toman en función de alcanzar en mayor o menor medida lo establecido como aprendizajes obligatorios. Surgen en este contexto las adaptaciones curriculares, que implican una resolución pedagógica de ajustar uno o más componentes del currículo regular (objetivos, contenidos, metodologías, recursos o evaluación), con el fin de atender las necesidades educativas especiales de los alumnos.

En general, los buenos procesos de integración escolar funcionan con equipos interdisciplinarios que se coordinan adecuadamente para dar respuestas educativas acordes a los requerimientos de los alumnos con NEE. Desde la perspectiva de las actitudes, en el proceso de integración escolar el estudiante con discapacidad no solo es tolerado, sino aceptado como alguien que aprende como los demás niños. A diferencia de la inserción, esta etapa se fundamenta en una perspectiva de derechos, ya que la escuela se responsabiliza del aprendizaje de los estudiantes incluidos en el proyecto, incorporando apoyos profesionales y recursos diferenciados para favorecer su progreso.

Aprendemos en la interacción con otros, con los materiales de enseñanza, con el entorno y estímulos que recibimos del ambiente y las personas que nos rodean.

En este caso no se trabaja desde el enfoque médico (los niños no se conciben como sujetos con déficit o enfermos), más bien se asume el de las NEE, cuyo origen se remonta a 1978, cuando el concepto de NEE se expuso en el Informe Warnock, que se enfoca en la educación de niños y jóvenes discapacitados. En él se planteó la necesidad de referirse a las problemáticas del aprendizaje desde una perspectiva positiva y no estigmatizadora, centrada en los recursos que estos alumnos requieren para progresar en el sistema educativo, más que

La integración, a diferencia de la inserción, se fundamenta en una perspectiva de derechos.

en la naturaleza de su discapacidad. Entre ellos se sugieren medios especiales de acceso al currículo, como materiales adaptados para estudiantes con déficit visual o auditivo; adecuaciones al mismo en cuanto a complejidad, niveles de abstracción, procedimientos de evaluación y metodologías, particularmente cuando el sujeto presente dificultades de índole cognitivo, y atención a la estructura social y clima emocional en el aula si se ha observado que manifiesta desajustes emocionales que impidan su desempeño óptimo frente a las exigencias educativas.

En lo relativo a alumnos pertenecientes a culturas distintas a la dominante, la integración escolar funciona de modo similar a la perspectiva de educación bicultural o multicultural, pues si bien se reconocen las diferentes lenguas, creencias y tradiciones, estos conocimientos se incorporan como un contenido paralelo dentro del currículo, dirigido a los integrantes de determinado colectivo sin considerar que el aprendizaje de dichas culturas es pertinente y enriquecedor para todos. Aunado a ello, se tiende a folclorizar las diversas manifestaciones de la cultura no dominante y se promueve una apreciación estereotipada que desconoce su evolución o expresión actual. Asimismo, se pierde de vista el carácter interactivo en la construcción cultural, por lo que se asume una orientación de currículo paralelo y no una perspectiva transversal y multidisciplinar. Si bien es importante que un estudiante indígena aprenda su lengua y reconozca a fondo sus raíces culturales, en el currículo destinado a este propósito también debe haber mecanismos que favorezcan el diálogo intercultural.

**Etapa de inclusión:** con esta fase, que constituye la temática central de este libro, nos referimos a un cambio de paradigma en la educación. Una escuela inclusiva incorpora a todos los alumnos, tratando de reducir al máximo las barreras de aprendizaje y participación, lo cual no implica que esté destinada a integrar en un proyecto particular a niños con discapacidad o con alguna diferencia en particular. En este sentido se distingue de la escuela que integra o inserta, pues aunque tiene en cuenta que los estudiantes son distintos entre sí, fundamenta su razón de ser en el reconocimiento de la educación como un derecho universal.

En un sistema educativo inclusivo no se considera al alumno *diferente* ni se le juzga como una persona que necesita adaptarse o para quien se modifica el currículo con el objetivo de que se ajuste lo más posible al trabajo de los demás, sino que se examina el modelo educativo para analizar los procesos, las situaciones y los factores que promueven la exclusión y que, en definitiva, se configuran como barreras del aprendizaje y de la participación en la escuela (Booth y Ainscow, 2000). De esta forma, cuando un niño no esté aprendiendo será pertinente preguntarse qué impide su aprendizaje y participación.

Eliminar los obstáculos en el aprendizaje y participación de todos en la escuela conlleva una acción principal: considerar los "apoyos" o "apoyo al aprendizaje", lo cual se entiende como "todas las actividades que aumentan la capacidad de la escuela para dar respuesta a la diversidad del alumnado [...]. Proporcionar apoyo individual a determinados estudiantes es tan solo una de las formas para hacer accesibles los contenidos de aprendizaje a todo el alumnado. También se presta apoyo, por ejemplo, cuando los docentes programan conjuntamente, considerando distintos puntos de partida y diferentes estilos de aprendizaje, o cuando se plantea una metodología cooperativa, como por ejemplo, las tutorías entre iguales" (p. 19). Brindar ayuda es parte integral de la enseñanza; aunque la mayor responsabilidad en su coordinación recae en un número limitado de personas, toda la comunidad educativa debe involucrarse en actividades al respecto (ídem).

De acuerdo con el paradigma de la inclusión las diferencias culturales se trabajan desde el enfoque intercultural, que apunta a una pedagogía de la interacción e intercambio enriquecedor de concepciones y prácticas culturales distintas. "Las personas son intérpretes activos de las culturas que heredan y que construyen todos los días, transformándolas con sus ideas, vivencias, representaciones

Para un estudiante indígena es importante aprender su lengua y reconocer a fondo sus raíces culturales.

Brindar apoyo es parte integral de la enseñanza.

y decisiones" (Hirmas, 2007). Por ello, dicha propuesta se traduce en una educación enfocada en la pertinencia de los aprendizajes, la convivencia democrática y la equiparación de condiciones materiales y humanas para participar y aprender.

La diversidad en este tipo de sistemas es una oportunidad para construir nuevos aprendizajes. De ahí la idea en esta obra de representar a la escuela inclusiva como un *viaje a la diferencia*, una posibilidad para encontrarnos con personas distintas y valorar nuestra individualidad.

El cuento que sigue ejemplifica el significado real de la inclusión.

---

### Por cuatro esquinitas de nada

Cuadradito juega con sus amigos.

¡Ring! Es hora de entrar en la casa grande.

¡Pero Cuadradito no puede entrar! No es redondo como la puerta.

Cuadradito está triste. Le gustaría mucho entrar en la casa grande.

Se tuerce, se dobla... pero sigue sin poder entrar.

Cuadradito lo intenta con todas sus fuerzas ¡Pero no hay nada que hacer!

—¡Pues te tendremos que cortar las esquinas! —dicen los Redonditos.

—¡Oh no! —dice Cuadradito—. ¿Me dolería mucho!

—¿Qué podemos hacer? —preguntan los Redonditos.

Los Redonditos se reúnen en la sala grande. Hablan durante mucho, mucho tiempo.

Hasta que comprenden que no es Cuadradito el que tiene que cambiar.

¡Es la puerta!

Entonces, recortan cuatro esquinitas, cuatro esquinitas de nada...

Que permiten a Cuadradito entrar en la casa grande...

... junto a todos los Redonditos.

"Nunca se conoce realmente a una persona,

hasta que uno se calza sus zapatos y camina con ellos."

Jérome Ruillier

(http://www.youtube.com/watch?v=OVf1GhKDtW8)

Este relato también podría titularse "Rompiendo las barreras para que Cuadradito participe". Así como actuaron los Redonditos al final, la escuela inclusiva se concentra en identificar los obstáculos y transformarse para que nadie quede fuera.

El siguiente cuadro sintetiza las diferencias entre los conceptos *inserción*, *integración* e *inclusión*.

| Diagrama 1. DIFERENCIAS ENTRE LA INSERCIÓN, INTEGRACIÓN E INCLUSIÓN | | | |
|---|---|---|---|
| Criterios de análisis | Inserción | Integración | Inclusión |
| Implicaciones en el funcionamiento de la escuela | La escuela no considera las diferencias individuales, sociales o culturales en la planificación de la enseñanza. En el caso del niño con discapacidad su aprendizaje no se asume como responsabilidad de la escuela. | • La escuela se hace responsable por el aprendizaje de los estudiantes con discapacidad. Si se requiere se adapta el currículo regular.<br>• El currículo multicultural incorpora contenidos aislados de grupos pertenecientes a diferentes culturas, cursos especiales para quienes hablan una lengua distinta y se estereotipan y folclorizan las diferencias. | • La escuela se define como una organización para todos los estudiantes, sin distinciones en cuanto a grupos especiales. Los niños y niñas participan en la construcción curricular.<br>• El currículo intercultural propicia el diálogo entre diversas concepciones y prácticas culturales, desde un enfoque multidisciplinar y transversal. |
| ¿Cuál es el foco del problema de aprendizaje? | • El déficit físico, sensorial o cognitivo (modelo médico).<br>• Existencia de culturas inferiores. | • La relación entre las características del estudiante y los desafíos del currículo.<br>• Visión cerrada y estereotipada de las culturas. | • Las barreras al aprendizaje y la participación.<br>• La educación intercultural es para todos y todas. |
| Implicaciones a nivel de actitudes | Tolerancia de la diversidad. | Aceptación de la diversidad. | Valoración de la diversidad. |

Diagrama elaborado por las autoras.

Como vemos, el concepto *educación inclusiva* ha superado la idea de una escuela que acepta a niños con discapacidad, para constituirse en un referente donde conviven niños entendidos como sujetos diferentes respecto a los otros, es decir, se reconoce a cada alumno como un ser único, con intereses, cultura y costumbres particulares, y un estilo de aprendizaje propio.

## 1.3. Factores que inciden en la construcción de una escuela inclusiva

### Factores institucionales

*Se refieren a condiciones y capacidades* que orientan los procesos de la escuela desde y hacia una visión inclusiva. Enseguida se describe cada uno.

La educación inclusiva también constituye un referente en el que conviven niños y niñas que son entendidos como sujetos diferentes, cada uno respecto a los otros.

a) Clima y convivencia: se expresa como la capacidad de la escuela para dar cabida a diversas formas de comprensión del mundo, manteniendo el respeto por el otro y por las decisiones mayoritarias. Los encuadres y las normas de convivencia se generan a partir del diálogo y de la coordinación de los actores que conforman la comunidad educativa. La investigación sobre factores asociados al logro cognitivo demuestra que entre los procesos educativos que predicen el rendimiento académico destaca el clima escolar, definido como "un constructo complejo, que denota el trabajo de docentes y directivos para crear una comunidad educativa acogedora y respetuosa para los estudiantes" (Treviño y otros, 2010, p. 125).

b) Liderazgo, organización y participación: este tipo de escuela se conduce por líderes capaces de generar participación activa de los actores involucrados, lo que incluye a padres y apoderados o tutores, paradocentes y administrativos. El liderazgo no recae solo en el director, sino en un equipo que gestiona las decisiones tomadas de manera participativa.

c) Gestión curricular: supone una serie de determinaciones sobre la organización y el enriquecimiento del currículo explícito, a partir de medidas concretas y evaluables que respondan a las características de los alumnos. De esta forma, su diseño presta especial atención a las oportunidades que la enseñanza brinda para que los niños representen la información, interactúen con ella y la expresen, y se comprometan con las tareas de aprendizaje propuestas conforme a sus propios intereses (CAST, 2008).

d) Gestión de los recursos: apunta a una política de administración de recursos tanto materiales como humanos. En varias ocasiones nos encontramos con escuelas equipadas con herramientas tecnológicas avanzadas, pero cuyos profesores no tienen las competencias necesarias para emplearlas en la enseñanza. Esto representa una barrera para el aprendizaje y la participación.

## El docente inclusivo

Un factor clave para el despliegue de sistemas escolares inclusivos es el profesorado. Pero ¿qué elementos distinguen a un profesor inclusivo? Una manera de analizarlos es diferenciar entre aquellos relacionados con disposiciones personales y los relativos a disposiciones profesionales. En el esquema 1 se muestran ambos.

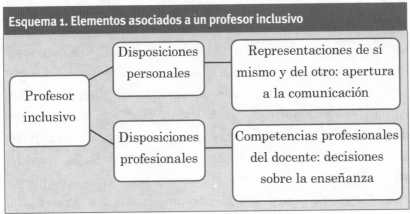

**Esquema 1. Elementos asociados a un profesor inclusivo**

Profesor inclusivo

Disposiciones personales — Representaciones de sí mismo y del otro: apertura a la comunicación

Disposiciones profesionales — Competencias profesionales del docente: decisiones sobre la enseñanza

Esquema elaborado por las autoras.

## Disposiciones personales

De la relación dinámica e histórica entre el docente y su contexto, se construye una perspectiva para reconocerse a sí mismo, al otro y a la relación entre ambos. Por ejemplo, un maestro que trabaja por primera vez con un niño autista probablemente temerá al no saber cómo actuar, quizá se sienta amenazado por la presencia de alguien diferente; el miedo y el sentimiento de amenaza constituyen una elaboración interna que surge de su historia, así como de sus concepciones previas y creencias sobre el autismo.

Sin embargo, existe la posibilidad de que el profesor aprenda. Sí lo haría en caso de que fuera capaz de adaptarse a la diferencia, lo cual podría suceder en tanto se informe sobre el autismo, intente establecer un vínculo con el niño autista, se dé el tiempo para observarlo y conocerlo, encuentre otras alternativas para comunicarse con él, ya sea buscando su mirada, cantándole o invitándolo a pintar, entre otras. Si construye el vínculo deseado, entonces registrará la experiencia como una "huella positiva"; en cambio, si falla, la interpretará como una especie de prueba para seguir intentando más adelante de otras formas, lo cual de igual manera indicaría su apertura a la diferencia. No obstante, si incorpora la experiencia como un fracaso y se niega a repetirlo, reflejará la ausencia de aprendizaje y adaptación a lo distinto.

Al respecto, Ana de Quiroga plantea que "lo vivido, lo aprendido es el referente, el marco referencial y de experiencia desde el cual interpreto el presente. Pero el presente, la nueva situación, se nos impone con su diferencia. Esa es la exigencia de adaptación, enfrentarnos a lo diferente" (1994, p. 13).

Después de esta prueba, el aprendizaje puede adquirirse en un plano más abstracto: el de la representación o del concepto (ídem). En este nivel, el docente expresa, ya sea en su mundo interno o en la interacción social construida de comunicaciones, lo que ha vivido. De esta forma, se abre al cambio y la generación de nuevos aprendizajes. En caso de que el maestro comunique su experiencia,

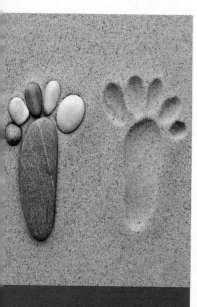

Es factible que si en su intento, el docente logra construir un vínculo con el niño, entonces la experiencia será registrada en el interno como una "huella positiva".

resulta viable que vaya formulando nuevas conjeturas sobre ella, pues tal vez en esa vivencia comunicativa escuche nueva información que vuelva a transformarla. Mientras más conciencia adquiera de sus aprendizajes, mayores serán sus potencialidades.

Con base en los aspectos analizados, podríamos sintetizar las características de un profesor inclusivo de la siguiente forma:

- Se distingue como un sujeto diferente, por lo que también es capaz de reconocer las particularidades de los demás, entre ellos, sus estudiantes y colegas. Es una persona crítica, que no teme plantear su postura ni modificar sus puntos de vista a partir del diálogo con otros.

- Identifica en su historia de aprendizajes las condiciones que le permitieron adquirir conocimientos, construyendo y evaluando estrategias de enseñanza a partir de su experiencia. En este sentido, se asume como aprendiz permanente, que se actualiza en una relación dinámica con su entorno.

- Intenta comprender, en el diálogo con el otro, ya sea estudiante o colega, el sentido o la lógica de lo que este propone. Por lo tanto, antes de juzgar de manera simple a su interlocutor, procura entender "desde dónde" aquel se mueve o sitúa cuando entrega sus apreciaciones; así, ayuda a enriquecer los procesos comunicativos y las interacciones que posibilitan el aprendizaje.

## Preguntas para la reflexión docente

1. ¿Nos consideramos docentes inclusivos?
2. ¿Qué factores nos ayudan a construirnos como docentes inclusivos y cuáles nos impiden avanzar en ese sentido?
3. ¿Qué acciones podríamos impulsar para fortalecernos como docentes inclusivos?

## Disposiciones profesionales

Estas se conjugan para que, al tomar decisiones para la enseñanza, el profesor considere de forma sistemática que cada alumno es distinto, con una historia de vida particular, un mundo interno de registros e hipótesis que surgen de su relación con el entorno, y un tipo de conocimiento del mundo más o menos elaborado, que debe descubrirse y aprovecharse con fines educativos.

Una labor del docente inclusivo es conocer a los estudiantes y saber en qué medida sus características se transforman en la interacción educativa en oportunidades o dificultades para aprender. A modo de ejemplo, al medir la influencia del género en el aprendizaje, resulta interesante identificar cómo las habilidades son diferentes entre niñas y niños. En este punto, el Segundo Estudio Regional Comparativo y Explicativo (UNESCO/LLECE, 2008) sobre los aprendizajes de estudiantes de América Latina y el Caribe refleja que, en términos generales, en lectura el desempeño de las niñas es superior al de los niños, contrario a lo que sucede en matemáticas y ciencias, lo cual podría evidenciar la función que cada cultura asigna a mujeres y hombres en la sociedad. Si esta tendencia se reproduce en el aprendizaje de los niños y niñas de su aula, se necesitará que el maestro tome decisiones que apunten a eliminar esta brecha de género.

Otra de las labores del profesor inclusivo consiste en reconocer el origen cultural de los estudiantes, lo que implica identificar las nacionalidades, etnias, lenguas y religiones, con el propósito de estructurar un currículo que constate estas particularidades, favoreciendo contextos de encuentro, diálogo, debate e intercambio de experiencias y puntos de vistas sobre el mundo.

Una vez que tiene claro quiénes son los estudiantes, así como sus diferencias y formas de aprender, debe tomar decisiones curriculares explícitas que reflejen la promoción de estrategias educativas para el aprendizaje de todos, sin discriminarlos. De este modo se verifica su disposición profesional, la cual determina el qué, cómo y para qué enseñar, motivada por tres principios (CAST, 2008):

El docente inclusivo reconoce el origen cultural de sus estudiantes, lo que implica identificar las nacionalidades, etnias, lenguas y religiones.

1. Proporcionar múltiples modos de representar la información, ya que entiende que los estudiantes perciben y comprenden la información de formas diversas;

2. Ofrecer varios medios de acción y expresión, pues sabe que los alumnos son distintos en la manera de aprender y expresar el conocimiento;

3. Proveer múltiples medios de compromiso, porque comprende que sus estudiantes difieren en el modo de sentirse implicados y motivados para aprender.

Estos se derivan del Diseño Universal de Aprendizaje (íbidem) y se desarrollarán con mayor profundidad en el siguiente capítulo, específicamente en el caso donde se analizan planificaciones de clases orientadas por ellos.

Un factor clave para el despliegue de sistemas escolares inclusivos es el profesorado.

## 1.4. Al encuentro del otro

[...] lo que el tocar toca es el límite: el límite del otro –del otro cuerpo–, dado que el otro es el otro cuerpo, es decir lo impenetrable [...]. Toda la cuestión del co-estar reside en la relación con el límite: ¿cómo tocarlo y ser tocado sin violarlo? [...] Arrasar o aniquilar a los otros y sin embargo, al mismo tiempo, querer mantenerlos como otros, pues también presentimos lo horroroso de la soledad.

(Jean-Luc Nancy)

*Con base en esta cita del filósofo francés,* Skliar (2011) plantea que la convivencia se juega entre el límite y el contacto con el otro, donde la persona puede salir afectada. Surgen algunas preguntas al respecto: ¿será posible el deseo de dejar que el otro siga siendo otro? ¿Acaso la voluntad de la relación debe ser, siempre, voluntad de dominio y de saber o poder acerca del otro? ¿Qué límites de afección plantea el otro, no solo con su presencia física, sino sobre todo con su existencia espiritual? ¿Y qué efectos podrían producirse al pensar en una transmisión educativa que no intenta cambiar al otro, que no pretende hacerlo ajeno a su alteridad?

Convivir nunca ha sido sencillo, al contrario, es natural compartir un vivir cotidiano y cargado de roces, diferencias, tensiones, voluntades opuestas, expectativas distintas, desentendimientos, entre otros. Skliar advierte que "hay un equívoco desde el inicio: ni la convivencia, ni el estar-juntos, pueden ser signos, o símbolos, o indicaciones que señalan directamente hacia la armonía, hacia la no-conflictividad, hacia la empatía inmediata, el consenso instantáneo y, por añadidura, hacia la plena satisfacción educativa" (íbidem).

El conflicto es parte de la convivencia, pero una escuela que asume esto cuida que su expresión no termine por excluir, estigmatizar o violentar impunemente la dignidad del otro. Anticipar los conflictos, reconocerlos y resolverlos mediante el mutuo entendimiento o la búsqueda de puntos de encuentro, y facilitar los caminos de resolución sin avasallamientos es el trabajo fundamental de una escuela inclusiva. El conflicto se encara y se conduce como parte del proceso de construcción de lo humano.

En el siguiente apartado lo invitamos a identificar puertas de entrada para caminar al encuentro de otros.

## Ver al otro

Quizás lo más común en el cotidiano vivir es que "el otro" pase desapercibido.

> ### Te veo
>
> Entre las tribus del norte de Natal, Sudáfrica, el saludo más común, equivalente a nuestro hola, es la expresión Sawu bona. Significa literalmente "te veo". Los miembros de la tribu responden diciendo Sikkhona, "estoy aquí". El orden del diálogo es importante: mientras no me hayas visto, no existo. Es como si al verme me dieras la existencia. Este sentido implícito en el idioma, forma parte del espíritu del ubuntu, una actitud mental prevaleciente entre los nativos africanos que viven al sur del Sahara. La palabra ubuntu surge del dicho Umuntungumuntunagabantu, que en zulú significa "una persona es una persona

a causa de los demás". Si alguien se educa con esta perspectiva, su identidad se basa en el hecho de ser visto, de que la gente lo respete y reconozca como persona (Senge, 2004).

Quizás lo más común en el día a día es que "el otro" pase desapercibido. A veces simplemente no lo vemos. En ocasiones estamos tan enfrascados en nuestras necesidades, en nuestro mundo, que tampoco reparamos en él. Por momentos no nos percatamos de él porque parece insignificante, como si no estuviera o permaneciera invisible hasta que el roce cotidiano de su diferencia nos toca. Tzvetan Todorov reconoce que el otro puede identificarse como un grupo social al interior de una sociedad: "las mujeres para los hombres, los ricos para los pobres, los locos para los normales" (2005, p. 13). Sin embargo, el autor advierte que el descubrimiento del otro se puede dar en uno mismo, como una construcción original. Sobre este punto, señala que "los otros también son yos: sujetos como yo, que solo mi punto de vista, para el cual todos están allí y solo yo estoy aquí, separa y distingue verdaderamente de mí" (íbidem). Es decir, construimos una visión del otro a partir de nosotros. Tanto si consideramos a los demás un grupo social como si los reconocemos por ser diferentes a nosotros, resulta inevitable que la convivencia implique el acto de distinción, y precisamente aquello que nos diferencia provoca contrariedad.

En esa experiencia de roce cotidiano, ver al otro es una primera posibilidad. Incluso nosotros como "otros" para los demás clamamos por ser visibles, lo deseamos y necesitamos. Una función de la escuela inclusiva es enseñar a *ver* a los otros, lo cual significa salir un momento de mí mismo para percibir quién está junto a mí.

En las escuelas se valora más que los profesores entreguen los contenidos de enseñanza, mientras que generar vínculos entre los estudiantes se relega a un asunto incidental, pues no suele considerarse parte de lo educativo. Aprender a ver a otros no surge por ósmosis; menos si la cultura contemporánea se mueve en torno al

*En esa experiencia de roce coditiano, ver al otro es una primera posibilidad.*

sentido de efectividad y productividad de nuestras acciones. Este aprendizaje fundamental constituye un primer paso para dar sentido y dignidad a nuestra existencia.

Las posibilidades del docente para enseñar a ver son ilimitadas: saludar con afecto al iniciar la jornada escolar, celebrar los cumpleaños, contar las experiencias al final de una jornada o de una semana, promover el trabajo colaborativo entre niños que se conocen poco, etcétera.

## Aceptar y respetar al otro como un legítimo otro

No basta con ver al otro, todos queremos que reconozcan nuestras diferencias, nos acepten y respeten como tal. Veamos cómo funciona este planteamiento en la siguiente historia.

El acto de descubrir es el proceso de ir conformando-se y transformando-se... un ser en humano.

| Cuento |
|---|

Miguel Ángel un día le da una serie de instrucciones orales a un maestro albañil sobre como tallar una estatuilla de piedra. El maestro va ejecutando al dictado lo que Miguel Ángel le ordena: profundiza esta parte, nivela aquella otra, pica aquí [...] alisa aquella superficie.

Cuando terminó de tallar la figura, Miguel Ángel le preguntó al maestro:

—¿Qué te parece?

—Muy bien señor, le debo un gran favor.

—¿Por qué? —responde Miguel Ángel.

El maestro albañil se demora un instante y luego le contesta:

—¡Quién hubiera creído que había un hombre tan hermoso en una piedra tan tosca! Si usted no me hubiera hecho descubrirlo nunca lo hubiera visto adentro.

Claudio Girola

El relato sobre Miguel Ángel, célebre escultor, pintor y arquitecto renacentista, y el albañil, invita a entender el encuentro con uno mismo y con el otro como un proceso de descubrimiento.

Pablo Rojas (2007) ofrece una bella interpretación del cuento. Lo primero *es la sorpresa* y el reconocimiento del albañil a la *visión* de Miguel Ángel: "Si usted no me hubiera hecho descubrirlo nunca lo hubiera visto adentro". El tallador devela lo que la roca encierra, quitando el velo que oculta a ese hombre hermoso; es el acto de "descubrir" y de "revelar" lleno de incertidumbre, entre la piedra cubierta y la forma que se descubre. Así es el proceso de ir conformando (se) y transformando (se) un *ser* en *humano*.

En ese surgimiento de lo humano hay artistas que nos ven y albañiles que nos tallan, así como vemos y tallamos a otros. Rojas explica que un hombre hermoso se va constituyendo a partir de una acción mediada, de descubrirse desde una visión orientadora ajena. Nacemos humanos, pero eso no basta: también debemos llegar a serlo. Solo lo somos plenamente cuando los demás nos contagian su humanidad, a propósito y con nuestra complicidad (Savater, 1998). "El proceso de conformación del ser humano no es solo cuestión de tiempo, no es una condición latente que se va revelando autónoma y automáticamente en el devenir del tiempo, sino que es un proceso en la interacción con otros que lo va revelando, que lo va conformando" (Rojas, 2007). También el autor señala que "por ello la posibilidad de ser humano, de ser persona, al igual que el hombre hermoso de Miguel Ángel, es un proceso de descubrimiento a lo largo de su vida, en el que se va conformando y transformando, a través de diferentes experiencias de interacción mediadas por el lenguaje, de las cuales va aprendiendo, es decir, le va dando sentido a su existencia. Nuestras experiencias son los componentes básicos de nuestra vida, 'en' ellas nos conformamos, y 'desde' ellas nos transformamos" (ídem).

En el proceso de ser *humanos,* reconocernos como únicos es parte del camino para que otros ojos nos descubran y otras manos nos tallen amorosamente. Los biólogos Maturana y Nisis (1994)

En el proceso de ser humanos, reconocernos como únicos es parte del camino para que otros ojos nos descubran y otras manos nos tallen amorosamente.

establecen acerca del origen de lo humano que "la dinámica relacional amorosa de la infancia en la vida adulta ha guiado el curso de los cambios corporales y relacionales que eventualmente nos han constituido como la clase de animales que somos, como seres humanos". Incluso afirman: "Los seres humanos somos animales cooperadores dependientes del amor en todas las edades". ¿Y qué es el amor sino el mutuo encantamiento?

Cuando en nuestras escuelas se educa en el reconocimiento y respeto de nuestras diferencias, surgen descubrimientos clave para la vida de las y los estudiantes. Así lo testimonia un estudiante de 8° básico, de una escuela pública en Chile: "Yo creo que el colegio ha sido muy acogedor, porque teníamos un compañero inválido y él era súper alegre, él salió adelante, los compañeros lo ayudaban, también el profesor". Quien nos habla descubre, más allá de lo visible, a alguien maravilloso que lo sorprende por su alegría y su capacidad de desenvolverse sin limitaciones, recibiendo el apoyo que otros le brindan.

El convivir nos mueve a desplegar talentos y virtudes, o por el contrario bloquea esas potencialidades. Es precisamente este ser inacabadamente humano lo que moviliza nuestra vida, nuestra capacidad transformadora. Como afirma Savater "La posibilidad de ser humano sólo se realiza efectivamente por medio de los demás, de los semejantes, es decir, de aquellos a los que el niño hará todo lo posible por parecerse" (1998: 8).

Para crecer en nuestro ser a *humano*, la necesidad de aceptación de los demás es fundamental, en particular la aceptación y respeto de nuestros padres o familiares cercanos que nos cuidan. Esta necesidad se satisface en la medida que el niño o niña reciben gestos de personas significativas que le confirman y acogen. Además de la familia, más tarde los pares, los profesores y los profesionales de la infancia deben producir esos mensajes para crear alrededor del niño un verdadero cordón afectivo de aceptación y respeto incondicional. "Los mensajes de ternura dan al niño un lugar propio, donde se siente

Deseamos y necesitamos ser vistos. Una tarea de la escuela inclusiva es enseñar a ver a los otros. Ver al otro significa salir un momento de mí mismo, para percibir quién está junto a mí.

aceptado y donde podrá comenzar a aceptar a otros" (Barudy y Dantagnan, 2009, p. 66). Para diferenciarse de otros y ser una persona autónoma, los niños y niñas requieren de la aceptación y respeto que les permita explorar el mundo y poner a prueba sus capacidades.

## ¿Y qué es el respeto?

**Episodio: niños en el patio de recreo**

Alrededor de una mesa de ping-pong hay ocho niños. Dos de ellos están en su turno de juego, los que están mirando forman parte de uno de los dos equipos en juego. Al caer la pelota los que están en los bordes la recogen. Otro contabiliza quién gana cada partida. El resto observa y espera su turno. Luego de los 5 puntos el perdedor se retira y da el paso a otro, a quien solo algunos reconocen ser el siguiente en la lista de juego. Discuten entre ellos brevemente a quién le toca, pero inmediatamente se ponen de acuerdo. Continúa sin contratiempos el partido. Varios son peruanos y ecuatorianos, y sin embargo no se escuchan comentarios descalificatorios o despectivos. En una parte del patio la profesora Coté juega con sus alumnos a la pelota.

Con el timbre de salida algunos alumnos del curso, a los que corresponde el turno de aseo, toman la mesa de ping-pong y la guardan en su sala (escuela pública de Chile).

En los espacios donde prevalece el respeto todos participan.

En los espacios donde prevalece el respeto todos participan. Pareciera que respeto y responsabilidad son aptitudes éticas asociadas: "porque soy parte de este juego, me interesa que resulte bien y yo también pueda jugar". El bien e interés propio van relacionados con los ajenos. El respeto emerge como actitud en ambientes donde el bien común es visible para quienes integran ese grupo, y dicho compromiso surge de la necesidad de velar porque ese espacio se conserve. Todos juegan, incluso los profesores.

Cuando educamos en ambientes de respeto, damos la voz a los estudiantes. Escuchamos sus opiniones, valorando y resaltando las experiencias que comparten, como lo manifiesta este joven: "Se conversan hartos temas con los profesores, comenzamos a hablar, nos cuentan lo que puede pasar después cuando vayamos en primero... nos aconsejan para que no hagamos cosas que nos podamos arrepentir [...]. Cada profesor tiene su curso y con ese curso tiene más confianza con ellos. De hecho a veces hay cosas que los niños no hablan con los papás y lo hablan con sus profesores. Con ellos pasamos más rato y tenemos confianza" (estudiante de octavo grado básico, escuela pública de Chile).

El respeto profundo se expresa en una escucha activa. Esto permite a los alumnos sentirse valiosos y actuar con confianza y resolución en la vida. A tal punto llega este respeto que una señal inequívoca de escuelas inclusivas se manifiesta en el aumento de espacios para que deliberen y decidan respecto a sus procesos de aprendizaje y desarrollo. Por ejemplo, en la telesecundaria comunitaria de Tepexoxuca, Puebla, los estudiantes definen las preguntas que guían los talleres de investigación, uno de los ejes articuladores del currículo. La investigación se refiere a temas de la vida cotidiana relacionados con las disciplinas básicas (Física, Química, Biología, entre otras) vistas en la telesecundaria, de modo que se traspasa a la enseñanza y también a la vida. Así lo cuenta uno de los docentes: "Pasamos un video y no sabemos qué preguntas van a salir, orientamos el aprendizaje por el interés de los chavos, buscamos una actividad detonadora, puede ser el cine, un dibujo, un mapa mental, un paseo por la naturaleza" (Messina, 2011).

El respeto profundo se expresa en una escucha activa. Esto permite a los alumnos a sentirse valiosos y actuar con confianza en la vida.

## Empatizar y valorar

### Te guste o no

Puede que a ti te guste o puede que no
pero el caso es que tenemos mucho en común.
Bajo un mismo cielo, más o menos azul,
compartimos el aire
y adoramos al sol.
o lo que tenemos en común.
Los dos tenemos el mismo miedo a morir,
idéntica fragilidad,
un corazón,
dos ojos y un sexo similar
y los mismos deseos de amar
y de que alguien nos ame a su vez.

Puede que a ti te guste o puede que no
pero por suerte somos distintos también.
Yo tengo una esposa, tú tienes un harén,
tú cultivas el valle
yo navego la mar.

Tú reniegas en swajili y yo en catalán...
Yo blanco y tú como el betún
y, fíjate,
no sé si me gusta más de ti
lo que te diferencia de mí
o lo que tenemos en común.

Te guste o no
me caes bien por ambas cosas.
Lo común me reconforta,
lo distinto me estimula.

Joan Manuel Serrat

Esta canción de Serrat muestra cómo en este juego de reconocerse e identificar a otros, surge como gesto humano el descubrir semejanzas y diferencias, pero siempre respecto a lo que nos hace igualmente humanos: el miedo a morir, la fragilidad, el deseo de amar y ser amados, la vida compartida, la laboriosidad... Sentirse como el otro nos reconforta, mientras que distinguirse de él nos estimula o despierta. Reconocernos semejantes y diferentes a la vez nos permite tomar conciencia de nuestro ser y abrirnos al encuentro con los demás. Probablemente este es el significado de la dignidad humana que se releva en la Carta Fundamental de los Derechos Humanos.

¿Y por qué a veces nos cuesta tanto empatizar y valorar a otros? En ocasiones, aun con la mejor disposición, es difícil acoger a otros tal como son. Sus características contrastan con las nuestras o su personalidad nos cansa. Si bien ser amigo de todos o sentirse cercano a los demás no es un deber, se necesita aprender a empatizar con los demás y valorarlos. Cultivar el arte de la empatía es un preciado tesoro que podemos enseñar y aprender. Como recuerda en el documental *Children full of life* ("Pensando en los demás") Toshiro Kanamori, un profesor japonés que enseña *el arte de pensar en los demás,* "deja que los demás habiten en tu corazón, cabe tanta gente como quieras".

*La empatía es la capacidad de sentir y ponerse en el lugar del otro.*

La empatía es la capacidad de sentir y ponerse en el lugar del otro, lo que implica una actitud de apertura para comprender sus necesidades, intereses y sentimientos, más que solo tolerar la visión de mundo de aquellos a los que se considera diferentes. Mediante la empatía valoramos a los demás por sí mismos, independientemente de sus capacidades o talentos. Cuando un niño ve que un compañero está triste o tiene un problema, y comparte ese sentimiento o preocupación, está respondiendo con empatía.

La capacidad de percibir y sentirse afectado por lo que les pase a los demás es innata en él, de acuerdo con su mayor o menor sensibilidad; sin embargo, la socialización familiar determina que se convierta en una capacidad afectiva. Los profesores que "acompañan" las emociones de sus estudiantes, incluso aquellas difíciles como la ansiedad o rabia, y las reconocen, aceptan y les dan la importancia real, favorecen respuestas empáticas en ellos. La siguiente situación observada en un patio de escuela ilustra claramente lo que explicamos.

María, la inspectora, está sentada en un tronco del jardín conversando con Anita, alumna de 5° básico. La reprende pues se enteró que botó su comida al suelo porque no le gustó. Anita la escucha callada, mirando al suelo. María le toma el rostro con afecto, la mira y explica que en su casa su madre no puede alimentarlos bien a ella y sus siete hermanos, y por lo mismo es necesario que aproveche bien los almuerzos. Ella la escucha atentamente y le explica que la comida estaba muy mala, que no pensó en eso que le dice, y le promete que no lo repetirá. Le pide que por favor no le diga nada a su mamá. María le dice que no se preocupe y quedan en ese acuerdo (escuela pública de Chile).

A medida que el individuo a lo largo de la infancia empieza a superar la visión egocéntrica del mundo, a tener perspectiva sobre sus necesidades y sentimientos, y de los demás, consolida su capacidad empática, siempre y cuando haya crecido en un clima familiar y escolar de aceptación, cooperación y afectividad.

## Testimonio de estudiantes

Lo bueno que tiene el colegio es que acepta a varios niños que tienen problemas, a los que tienen sordera profunda o leve, no los discriminan, a los niños que son extranjeros, igual los aceptan y los tratan bien (estudiante, 8° básico). En otros cursos hay niños ecuatorianos que hablan su idioma. También hay una chinita. Les hacemos señas para entendernos. Con los ecuatorianos no hay problema porque hablan también un poco de castellano (estudiante, 7° básico). Tenemos compañeros de Perú, a veces los hacemos sentir incómodos, en algunas ocasiones hay burlas. Pero yo creo que aquí mayormente creo que se sienten bien. A excepción de unos niños que igual son molestosos (estudiante, 7° básico). Pero aquí ese tema se trata, la idea es tratarlos bien, incluirlos, tratar de crear lazos entre todos nosotros... (alumno de séptimo grado básico, escuela pública de Chile).

Convivir en armonía consiste en conocer a otro y que me conozca.

En estos testimonios se muestra que las relaciones entre compañeros son un aspecto que se conversa y que en la escuela "crear lazos" es importante. Una tarea para convivir en armonía consiste en conocer al otro y que me conozca, distinguiendo nuestras virtudes y limitaciones. Asimismo, resulta imprescindible generar espacios de confianza donde conversar y mostrar aquellas dificultades que nos duelen o nos cuesta asumir. Ser acogidos suscita cercanía y comprensión. A veces la otra persona está a la defensiva y prefiere ocultarse mostrando una faceta totalmente distinta a como es en realidad, por ejemplo, al reflejar dureza en lugar de timidez. Compartir nuestras historias y vivencias en el aula permite ver el rostro del otro y tender puentes de entendimiento.

Un tema conflictivo para los seres humanos es relacionarse con personas que molestan o agreden. Enseñar y aprender a poner límites implica una gran labor. Los niños también necesitan saber expresar cuando la actitud del otro les molesta o afecta; esto ayuda a que situaciones particulares no se salgan de contexto y se conviertan en un muro infranqueable entre compañeros. En este caso, la tarea mediadora del educador que estimule la expresión de los afectos, la comunicación asertiva y prevenga la escalada de rencores y enemistades resulta primordial.

En la primera infancia se requiere crear un entorno sensible y afectuoso, en que los niños se sientan protegidos. Los cuentos y arquetipos promueven el desarrollo de su capacidad cognitiva: gracias a ellos aprenden a "vivir" diversas situaciones, lo cual les permite comprender mejor a los demás. En la relación entre pares la empatía tiene un gran valor, pues el individuo descubre que las mismas situaciones que le afectan a él también perjudican a los demás, por tanto aprende a ayudarlos y a ajustar las necesidades propias a las de los otros. Los profesores son modelos significativos de comportamiento *prosocial*,[3] y su reacción empática es un referente importante de respuestas emocionales (Marina y Bernabeu, 2007, pp. 69-73).

En las escuelas primaria y secundaria al madurar emocional y cognitivamente, los niños adquieren conciencia de sus condiciones de vida y las de los demás. Se dan cuenta de que las personas sufren de manera similar ante ciertas circunstancias y que su dolor les afecta, sobre todo cuando se debe a situaciones injustas. Es decir, la empatía incide en el entendimiento de la realidad en su dimensión ética. Al llegar a la adolescencia los factores cognitivos adquieren una mayor relevancia en las respuestas emocionales, de modo que el contexto de creencias, normas y valores en que habitan los jóvenes determina en gran medida su razonamiento moral. En ambos casos, es necesario enseñarles a afrontar los conflictos y situaciones sociales desde una perspectiva de valores, en un entorno de normas y de respeto, así como en el ejercicio justo de la autoridad (no autoritarismo).

En la primera infancia se requiere crear un entorno sensible y afectuoso.

## ¿Cómo educamos en la empatía y valoración de los otros?

- Enseñar y aprender a escuchar activamente
- Enseñar y aprender a reconocer emociones en sí mismo y en los otros
- Enseñar y aprender a comunicar nuestras vivencias, emociones, pensamientos.
- Enseñar y aprender a conversar diferencias sin descalificaciones.

---

3  "Acciones voluntarias que tienen la intención de ayudar o beneficiar a otros individuos o grupos de individuos" (Eisenberg y Mussen, 1989, p. 3).

- Enseñar y aprender a reflexionar críticamente sobre el efecto de la conducta personal en otros.
- Enseñar y aprender a reflexionar sobre los derechos humanos.
- Enseñar y aprender a resolver conflictos mediante el diálogo.
- Enseñar y aprender a establecer normas participativamente y asumir las consecuencias.
- Enseñar y aprender a establecer metas de bien común y efectuar proyectos compartidos.
- Enseñar y aprender a jugar respetando las reglas y a los demás compañeros.

Los alumnos comparten muchas horas de su vida y de su historia en una escuela.

Los alumnos comparten muchas horas de su vida y de su historia en una escuela. Es recomendable conversar y ayudarles a tomar conciencia del tiempo que pasan juntos y de cómo se necesita un ambiente grato, donde todos sean valorados y acogidos. Algunas actividades que pueden propiciar ese ambiente cálido y de mutua valoración son las siguientes:

- paseos, celebraciones de cumpleaños, juegos, salidas educativas;
- trabajo colaborativo en el aula;
- ejercicios de autoconocimiento y desarrollo personal;
- asambleas de curso para compartir las dificultades, pedir apoyo y evaluar la convivencia;
- rituales de reflexión al inicio, al cierre del día, o al final de la semana;
- distribución de tareas semanales (aseo, decoración, diario mural, entre otras) que beneficien a todos;
- establecimiento de diversas formas de comunicación (buzón de cartas, amigo secreto, blog del curso, etcétera).

## Construir con otros, colaborar

La colaboración es la base del funcionamiento social; las tareas importantes en nuestra vida se llevan a cabo de esta manera y son el resultado de capacidades y talentos diversos, así como el fruto del trabajo de varias personas. Una solución resulta más eficaz cuando somos capaces de llevarla juntos a la práctica. ¿Qué elementos caracterizan la cooperación? Veamos un ejemplo.

*Una solución resulta más eficaz cuando somos capaces de llevarla juntos a la práctica.*

**Trabajo en equipo**

En esta ocasión la maestra inició la clase con un diálogo sobre lo que los alumnos habían realizado en los proyectos anteriores y se cercioró de que conocían el proyecto actual. Después, explicó cómo el proceder humano ha sido una de las causas de la extinción de especies vegetales y animales, por lo que ahora tienen la responsabilidad de crear hábitats para conservarlos, como el que en la escuela crearán para mariposas. Apoyada en las imágenes de un libro, la profesora intercala preguntas e información sobre el ciclo de vida de las mariposas. Al terminar el diálogo, la maestra les dice que les va a dar "como un rompecabezas" sobre el ciclo vital de las mariposas. Les da las piezas y les pide que todas participen. Se encontraban las alumnas distribuidas en equipos.

Las alumnas se compartieron el material (palabras, flechas, dibujos de hojas, orugas, mariposa). Al principio cada equipo quiso armar un ciclo completo, después se dan cuenta que cada equipo tiene piezas de una etapa del ciclo y que el ciclo completo tiene que ser armado entre todas. Las niñas practican sobre qué va primero, una de ellas dice: "Esta va primero". La propuesta es aceptada por todas las niñas y colocan el dibujo de la hoja junto a otros dibujos de capullos.

Otra niña toma una pieza (flecha) y otra con la palabra capullo. Una compañera le dice: "Después sigue la oruga"; toman la otra pieza con un dibujo de una hoja mordisqueada y una oruga grande. Una de las niñas dice que esa oruga no es, que es otra más pequeña. Una de las niñas pregunta a la maestra: "¿Son las dos profe?", a lo que la profe responde: "Acomoden las dos". Las niñas acomodan los dibujos. En general, las niñas de cada equipo se ponen de acuerdo entre ellas y la maestra las observa. Cuando considera conveniente, la maestra plantea preguntas para guiarlas.

Gema López
(Estudio de caso, escuela primaria "La Esperanza", México)

## ¿Cómo reaccionan las niñas frente a las acciones de las otras? ¿Qué actitudes y emociones caracterizan este ambiente de trabajo?

En este caso nos damos cuenta de que la acción cooperativa de una persona impulsa la de las demás: una niña dice: "Esto va primero"; otra toma dos piezas; la siguiente expresa: "Sigue la oruga"; otra reconoce que esa imagen no es, mientras que una más pregunta a la profesora, de modo que una acción desencadena el resto. Cuando un equipo de trabajo funciona de forma eficaz, las observaciones individuales son cooperativas, es decir, la visión y acción de cada integrante se tiene en cuenta, lo cual desencadena una coordinación de acciones en torno a la tarea. La comunicación efectiva, una habilidad fundamental, permite a las alumnas ir articulando sus observaciones y propuestas. Esas acciones comunicativas (escuchar las iniciativas propuestas y tomar acuerdos) son fundamentales para organizarse.

¿Pero qué cualidades tiene este ambiente de trabajo colaborativo? Existe la *confianza* para tomar la iniciativa, y aunque no se explicita en el relato, el grupo está *concentrado* en función de la meta: las estudiantes se enfocan en resolver el "rompecabezas", es decir, existe un interés o propósito compartido. Se produce un *silencio* de fondo que les permite coordinarse. Se escuchan y deciden sus intervenciones; hay permiso para probar y corregir.

¿Y qué otras habilidades están en juego? *Compartir* se posibilita repartiendo equitativamente el material y dando oportunidad para que todas *participen*, por eso la observadora expresa que "todas acomodan los dibujos". Cada niña asume su responsabilidad autónomamente; en otros casos se requiere planificar y distribuir las tareas. Pero siempre, el trabajo colaborativo empuja a una responsabilidad compartida; todos se comprometen con su logro.

Compartir se posibilita repartiendo equitativamente el material y dando oportunidad para que todas participen.

¿Recuerda alguna experiencia de un grupo que haya afrontado un desafío similar? Es una suerte de magia que aunara a sus miembros en un solo cuerpo que actúa con unidad. Podríamos afirmar que en el ejemplo anterior se trata de un *grupo inteligente*, en que se potencian los recursos y las destrezas individuales para buscar la mejor solución posible al problema. Este tipo de grupo es más que la suma de la inteligencia de sus miembros. Por ello, la observadora comenta: "Se dan cuenta de que el ciclo completo tiene que ser armado entre todas".

Proponga a sus colegas o estudiantes un desafío de equipo. Escoja un juego que les obligue a ponerse de acuerdo, asumir tareas y organizarse para cumplir con una meta. Las reglas deben ser claras antes de empezar. El propósito es competir contra el tiempo.

Al terminar algunos equipos habrán alcanzado la meta, otros no.

Preguntas para la reflexión: ¿cómo se sintieron?, ¿cómo se sienten ahora?, ¿qué les pasó?, ¿por qué cumplieron la meta o por qué no?

Ordene las opiniones que entreguen en torno a los siguientes aspectos.

- *Organización*: elementos que facilitaron el logro de la meta, elementos que lo obstaculizaron.
- *Clima de trabajo*: actitudes y valores que posibilitaron o dificultaron el cumplimiento de la meta.

El conflicto no debe considerarse un peligro por evitar, sino una ocasión para aprender.

Cuando se llevan a cabo juegos de equipo resulta más sencillo identificar los elementos que favorecieron el cumplimiento de la meta y aquellos que no. Es natural que surjan desacuerdos y conflictos, porque "él acaparó los materiales", "se tomó todo en broma y no hizo nada", "no escuchó a nadie e hizo todo solo", "encontraba todo malo y no proponía algo", entre otros casos. Al evaluar el trabajo grupal surge la oportunidad para que los estudiantes revisen las ventajas de la colaboración, además de sus actitudes, comportamientos y juicios sobre otros. Por tal motivo, el conflicto no debe considerarse un peligro por evitar, sino una ocasión para aprender.

Los investigadores que estudian la gestión de organizaciones y equipos de trabajo afirman que cuando se desarrolla el trabajo en equipo, los individuos y el sistema adquieren nuevas destrezas, por lo que se vuelven más efectivos y complejos. La base del trabajo colaborativo "se fundamenta en que para lograr algo valioso tenemos que contar con los demás, necesitamos su ayuda y ellos necesitan la nuestra" (Marina y Bernabeu, 2007). De este modo, se hace más visible que nunca nuestra interdependencia.

Cabe recordar que la pedagogía del juego y trabajo en equipo no es eficaz a largo plazo si no se acompaña de una organización escolar que actúe en *consonancia ética*. El aprendizaje social se interioriza conforme al clima de relaciones que prevalece entre los integrantes de un grupo significativo: la familia y la escuela. Por consiguiente, la ausencia de colaboración de los docentes, la falta de confianza entre los adultos o de estos hacia los estudiantes, la competitividad e individualismo en el enfrentamiento de los desafíos de aprendizaje, la carencia de canales de comunicación para resolver conflictos, la falta de normas o su aplicación impositiva sin reflexionar, atenta contra el sentido de cooperación. Al construir junto con otros y practicar la solidaridad, los alumnos y profesores se apropian de la experiencia que provee el aprendizaje para adquirir *poder en el hacer cooperativo.*

*El aprendizaje social se interioriza conforme al clima de relaciones que prevalece entre los integrantes de un grupo significativo: la familia y la escuela.*

---

**Reflexión para Consejo de profesores: revisión del sistemas de colaborativo en la escuela**

a) ¿Enseñamos a los estudiantes a trabajar en equipo? ¿Propiciamos el trabajo en pareja? ¿Se construyen formas solidarias de aprendizaje-servicio en la escuela y en la comunidad?

b) ¿Existen instancias de trabajo colaborativo entre profesores?, ¿cuáles?

c) ¿Hay instancias de trabajo colaborativo entre nosotros como maestros y profesionales de apoyo o especialistas?

d) ¿Los equipos directivos promueven instancias de trabajo colaborativo?

e) ¿Existen espacios de trabajo colaborativo con la familia y la comunidad?

# Cuidarme, cuidarte, cuidar nuestro entorno

El cuidado asume una doble función de prevención de daños futuros
y regeneración de daños pasados...

(Leonardo Boff)

El cuidado mutuo supone aprender a reconocer las necesidades del otro.

En la escuela primaria estatal "La Esperanza" reinaba la violencia entre los niños, había poco interés por el estudio, desprecio al entorno, y contrario al nombre de la colonia y la escuela, escasa esperanza de que esta situación mejorara, como relata la investigadora Gema López Gorosave (2011) en su estudio de caso. En 2008 llegó una nueva directora, cuyo objetivo era unificar al personal y capitalizar las aportaciones de cada miembro para mejorar el ambiente. Junto con un equipo de trabajo, revisó y renovó el proyecto educativo con el propósito de "mejorar la convivencia entre los niños y entre estos y la naturaleza; impulsar el aprendizaje transversal y desarrollar una nueva relación entre los niños y el conocimiento; desarrollar actitudes que garanticen el cuidado y preservación del medio ambiente y el aprecio por el hábitat; reforestar la escuela con flora endémica, y promover el conocimiento científico" (Proyecto Educativo Institucional).

---

**Una salida asociada al proyecto ecológico**
*Narración de la directora*

Llevamos a los niños a un parque nacional en la sierra, ¡iban contentos! Guiados por una especialista se hizo el reconocimiento del área, pero sobre todo, vimos cómo los niños más grandes evitaban que los más pequeños jugaran con unos *botetes* (peces sapos) que encontraron en un estanque. Los mayores se acercaron a observarlos en su ambiente, pedían a los pequeños que no los molestaran y acudieron a una maestra para que interviniera pedagógicamente.

Cuando una escuela se responsabiliza del bienestar y crecimiento de los estudiantes, desencadena un conjunto de compromisos de cuidado mutuo. Uno de las acciones de la directora consistió en conocer las inquietudes y expectativas de los docentes. Los invitó a soñar juntos la escuela y el lugar que querían habitar. Ellos, a su vez, motivaron a los alumnos a embarcarse en ese sueño. Se tejió así una red de cuidados mutuos, como sucedió cuando los estudiantes más grandes evitaron que los más pequeños dañaran a los botetes.

El cuidado mutuo supone aprender a reconocer las necesidades del otro, cultivar la paciencia y comprometerse a apoyar a los demás. Una alumna de sexto grado básico de una escuela chilena comenta: "Si una persona es más lenta que otra, van a tener que esperar mientras la profesora le enseña a los que no aprendieron tan bien. Los niños podemos ayudar a los compañeros a aprender porque la profesora no puede apoyar a todos al mismo tiempo".

Esa estudiante ha interiorizado la importancia de pensar en los demás y ha aprendido que "para que las personas sobrevivan y se desarrollen es esencial que construyan sobre las convergencias con otros" (Alcalay, 2006). En este caso, el lenguaje de la comunidad dialoga con el de la individualidad, desplazando una cultura competitiva, aislada y en la que cada persona vive centrada en sí misma.

## Testimonio de una docente

Luego, entre todos preparamos el terreno, junto con los niños sembramos el espacio de todos. Ahora nos encontramos cuidando el área… los niños ven los resultados de cuidar, plantar, limpiar, decorar entre todos… se dan cuenta de que lo que hacemos y queremos lograr implica normas de convivencia. Aprenden a observar, a esperar, también técnicas de trasplante, conocimientos y valores, también conocen los procesos y hasta enriquecen su vocabulario. Bueno, muchas cosas, [...]

Cuando una escuela se responsabiliza del bienestar de los estudiantes desencadena un conjunto de compromisos de cuidado mutuo.

me he fijado que desarrollan su seguridad y su expresión oral porque exponen, comparten la información con niños y adultos, y hasta nos sorprenden con las preguntas que ahora hacen. Lo más importante: creo que ellos valoran ya lo determinante que es el cambio que vivimos.

(Profesora, escuela primaria estatal "La Esperanza", México)

El cuidado de "nosotros" en un equipo compromete a cada miembro con el avance de sus compañeros. Lo colectivo debe aportar a la expresión y desarrollo de lo individual, sin perder de vista el medio cultural y natural que lo rodea. Sin embargo, no debe confundirse con la sobreprotección o el paternalismo, sino con la ayuda al otro para que adquiera conciencia de qué es mejor para su desarrollo y la motivación para que se encargue y cuide de su propia vida, la que incluye el "nosotros" y el espacio donde habitamos.

**Preguntas para reflexión docente**

- ¿Cómo recibimos a un estudiante nuevo o a uno que se retira de la escuela?
- ¿Qué estrategias consideramos para favorecer relaciones de apoyo mutuo entre compañeros?, ¿y entre compañeros de distintos niveles y cursos?
- ¿Qué hacemos para apoyar a un alumno cuando se ausenta o se enferma?
- ¿Qué necesidades tienen y cómo educamos a los estudiantes en el autocuidado?
- ¿Qué sistemas de cuidado tenemos con los alumnos ante dificultades como la muerte de alguien cercano, separación, violencia intrafamiliar, entre otras?

- ¿Cómo integramos a la familia en esta dinámica de cuidado y autocuidado?
- ¿Qué necesidades de autocuidado manifestamos junto con los demás actores educativos?
- ¿Qué señales de falta de autocuidado refleja el entorno y la comunidad donde se inserta la escuela?

¿Qué acciones de aprendizaje y servicio pueden brindar los estudiantes?

¿Qué estrategias consideramos para favorecer relaciones de apoyo mutuo entre compañeros?

# CAPÍTULO II

# Análisis de casos y situaciones

*Este capítulo se dirige al análisis de casos* y situaciones en que se conjugan aspectos relevantes para la construcción de comunidades educativas inclusivas, los cuales se han desarrollado en el capítulo precedente. En su mayoría, constituyen parte del registro de experiencias de asesoría e investigación que hemos llevado a cabo. Cada uno se analiza a partir de tres preguntas conductoras.

- ¿Qué conocimientos sobre educación inclusiva identificamos?
- ¿Qué oportunidades y barreras para el desarrollo de una educación inclusiva se evidencian?
- ¿Cómo transformamos las dificultades en oportunidades?

Las barreras y oportunidades se sostienen de los conocimientos y creencias de los profesionales de la educación (maestros, directivos, especialistas, etcétera) en torno a la diversidad en el quehacer educativo. Para identificarlas con mayor exactitud, se sitúan en relación con los factores institucionales y del docente (tratados en el primer capítulo) que inciden en la construcción de una escuela inclusiva.

Se invita a los docentes y equipos directivos a revisar cada caso o situación a partir de las tres preguntas conductoras para generar un diálogo que permita ir configurando de manera colectiva el sentido de una escuela inclusiva. Este análisis contribuirá a la discusión de los equipos y al enriquecimiento de las conclusiones.

## Caso 1. Clases para algunos *versus* clases para todos

*En este caso se presenta la planificación* de una clase propuesta para quinto grado de educación básica en la asignatura Lenguaje y Comunicación. El objetivo de la primera clase de la unidad es *diseñar el esquema inicial de una obra teatral sencilla, identificando sentido y temática de la obra, momentos, personajes y recursos para la puesta en escena.*

El proyecto incorpora actividades de los estudiantes, estrategias pedagógicas, recursos e indicadores de logro, entendidos como los desempeños específicos que permiten verificar la adquisición del aprendizaje. Su revisión se efectúa considerando categorías fundamentadas en el Diseño Universal del Aprendizaje (DUA), cuyos principios se sintetizan en el esquema 2.

**Esquema 2. Principios del Diseño Universal de Aprendizaje (CAST, 2008)**

| | |
|---|---|
| 1. Proporcionar múltiples medios de representación | Ya que los estudiantes perciben y comprenden la información de formas diversas. |
| 2. Proporcionar múltiples medios de acción y expresión | Ya que los estudiantes son diversos en sus formas de abordar el aprendizaje y de expresar lo que saben. |
| 3. Proporcionar múltiples medios de compromiso | Ya que los estudiantes difieren en la forma de sentirse implicados y motivados para aprender. |

El primero y segundo principios se refieren a decisiones sobre cómo presentar los contenidos de aprendizaje y cómo llevar a los niños a trabajar las experiencias educativas, mientras que el tercero alude a la preocupación del docente por detonar en los alumnos la motivación por aprender. Cada principio se despliega en pautas específicas, sistematizadas en los esquemas 3 a 5.

## Esquema 3. Pautas del principio 1. Proporcionar múltiples medios de representación

| Pauta 1: Proporcionar múltiples opciones de percepción | • Personalizar la información con medios tecnológicos<br>• Facilitar información oral<br>• Facilitar información visual |
| --- | --- |
| Pauta 2: Proporcionar opciones para el lenguaje y uso de símbolos | • Explicar vocabulario y símbolos<br>• Aclarar sintaxis y estructura<br>• Decodificar textos o notaciones matemáticas<br>• Promover entendimiento en diversas lenguas<br>• Ilustrar conceptos clave (no lingüísticos) |
| Pauta 3: Modalidades alternativas para favorecer la comprensión | • Activar conocimientos previos<br>• Destacar conceptos esenciales y relaciones, usar múltiples ejemplos<br>• Guiar procesamiento de información<br>• Apoyar memoria y transferencia |

Esquema elaborado por las autoras con base en el Diseño Universal de Aprendizaje, CAST, 2008.

**Esquema 4. Pautas del principio 2. Proporcionar múltiples medios de acción y expresión**

| | |
|---|---|
| **Pauta 4: Brindar opciones en el modo de respuesta física** | • Dar alternativas en los requisitos de las tareas: amplitud, variedad, tiempos (considerar diferencias en capacidad motora y destrezas)<br>• Dar opciones en los medios de navegación (mano, voz, botón, *joystick*, teclado adaptado) |
| **Pauta 5: Proporcionar opciones de habilidades expresivas y fluidez** | • Brindar opciones para comunicar (texto, discurso, dibujo, cómic, música, multimedia, etcétera)<br>• Ampliar opciones para la composición y resolución de problemas (tecnología actual)<br>• "Andamiar" (estructurar) la práctica, experiencias de mediación de menos a más |
| **Pauta 6: Proporcionar opciones para las funciones ejecutivas** | • Guiar el establecimiento efectivo de objetivos<br>• Apoyar la planificación y estrategias de desarrollo<br>• Facilitar la gestión y uso de información<br>• Formar en el monitoreo de los propios procesos (retroalimentación, autoevaluación) |

Esquema elaborado por las autoras con base en el Diseño Universal de Aprendizaje, CAST, 2008.

## Esquema 5. Pautas del principio 3. Proporcionar múltiples medios de compromiso

| | |
|---|---|
| **Pauta 7: Emplear opciones para propiciar el interés** | • Aumentar toma de decisiones y autonomía<br>• Asegurar pertinencia y autenticidad de las actividades<br>• Reducir amenazas y distracciones |
| **Pauta 8: Brindar alternativas de apoyo al esfuerzo y persistencia** | • Recordar sistemáticamente las metas de aprendizaje<br>• Variar niveles de apoyo y desafío<br>• Fomentar colaboración, interacción y comunicación<br>• Dar oportunidades de aplicación y práctica de lo aprendido (evaluación formativa-retroalimentación-sentido de la acción) |
| **Pauta 9: Proporcionar modalidades para la autorregulación** | • Educar la autorregulación (con el fin de disminuir rabietas, tolerar mejor la frustración, etcétera)<br>• Ayudar en las decisiones de apoyo emocional interno y externo (conocer y conversar con los estudiantes)<br>• Fomentar autoevaluación, reflexión y la conciencia de sí mismos |

Esquema elaborado por las autoras con base en el Diseño Universal de Aprendizaje, CAST, 2008.

# Presentación del caso (planificación)

*Objetivo de la clase:* Diseñar el esquema inicial de una obra teatral sencilla, identificando sentido y temática de la obra, momentos, personajes y recursos para la puesta en escena.

| Planificación 1 | |
|---|---|
| **ACTIVIDADES DE LOS ESTUDIANTES** | **ESTRATEGIAS PEDAGÓGICAS** |
| Inicio<br>• Leen y copian objetivo de la clase.<br><br>Desarrollo<br>• Escuchan a la profesora y copian la materia en sus cuadernos.<br>• Escuchan y copian la instrucción de la tarea a realizar.<br>• Realizan la actividad de manera individual<br>• Algunos leen su trabajo<br>• Comentan trabajo de compañeros<br><br>Cierre<br>• Responden y comentan en torno a pregunta de la profesora. | • La profesora escribe objetivo de la clase en el pizarrón.<br>• Explica en qué consiste diseñar una obra de teatro y escribe en el pizarrón los componentes a considerar (temática, momentos, personajes, recursos).<br>• Escribe y explica la instrucción: diseñar esquema de una obra indicando: tema, personajes, acontecimientos, recursos para montarla.<br>• Comenta trabajos leídos<br>• Realiza preguntas de cierre: ¿qué trabajo de los leídos les gustó más?, ¿por qué? |
| **RECURSOS** | **INDICADORES DE LOGRO** |
| • Pizarrón<br>• Cuadernos | • Escriben paso a paso el diseño de una obra breve. |

## 1. Análisis

## 1.1. ¿Qué conocimientos sobre educación inclusiva identificamos

En la planificación vemos que se espera de los estudiantes un desempeño pasivo, pues las instrucciones dadas no brindan oportunidades de retroalimentación sobre lo que están comprendiendo. La expectativa sobre los alumnos es que todos avancen igual y obtengan un mismo resultado, lo que indica que no es una planificación abierta a la diversidad, ya que no ofrece oportunidades variadas para el logro de los aprendizajes.

## 1.2. ¿Qué oportunidades y dificultades para el desarrollo de una educación inclusiva se evidencian?

Para analizar las oportunidades y dificultades que ofrece esta planificación, verificaremos si los principios y pautas del DUA se expresan en las actividades y estrategias pedagógicas planteadas.

- En relación con el primer principio (*proporcionar múltiples medios de representación*), se brindan escasas oportunidades para que los estudiantes representen la información a partir de múltiples medios. De hecho, la profesora copia el objetivo de la clase, la asignatura y la instrucción de la tarea, y lleva a los niños a reproducir pasivamente dicha información en su cuaderno, por tanto, esta queda sujeta a la forma en que se escribe por la maestra y luego por los niños, de tal modo que no hay alternativas para personalizarla con medios tecnológicos. No sabemos si la profesora procura escribir con una letra visible para todos o emplea contrastes adecuados. La oralidad es unilateral, ya que no se propicia un diálogo en torno a lo que se pretende hacer. La información se presenta sin destacar las relaciones entre los conceptos tratados. Por otra parte, tampoco se activan conocimientos previos para orientar el procesamiento de la información a la memoria y transferencia.

- Respecto al segundo principio (*proporcionar múltiples medios de acción y expresión*), no se aprecia una gama de alternativas de ejecución y expresión. Todos los niños deben hacer lo mismo; no se consideran sus diferencias, formas de aprender e intereses. Las opciones de expresión y fluidez se reservan para un pequeño grupo de alumnos que presentan su trabajo frente al curso, sin emplear recursos adicionales para apoyar la manera de expresar sus ideas. No se aprecia una intención para promover que los estudiantes pongan en juego sus funciones ejecutivas, asociadas a la planificación del comportamiento y el desarrollo de estrategias de trabajo para alcanzar las metas propuestas.

La escuela inclusiva se construye sobre la participación y los acuerdos de todos los agentes educativos que en ella confluyen.

- En cuanto al tercer principio (*proporcionar múltiples medios de compromiso*), hay pocas posibilidades de atraer la atención de los niños al objetivo de la tarea. Todo está dicho por la profesora y el espacio de la clase no permite una construcción colectiva del aprendizaje; los estudiantes no tienen oportunidad para organizar su trabajo de manera autónoma. Tampoco se fomenta el trabajo colaborativo (lo que obstaculiza el desarrollo de aptitudes) ni se evidencian oportunidades de síntesis, retroalimentación y trascendencia de lo aprendido.

## 1.3. ¿Cómo transformamos las dificultades en oportunidades?

Como una forma de presentar un cambio de barreras en oportunidades para esta planificación, planteamos enseguida otra pero orientada por los principios y pautas del DUA.

| Planificación 2 (orientada por el Diseño Universal de Aprendizaje) | |
| --- | --- |
| ACTIVIDADES DE LOS ESTUDIANTES | ESTRATEGIAS PEDAGÓGICAS |
| Inicio<br><br>• Dialogan en base a preguntas del docente.<br>• Observan y comentan video.<br>• Leen preguntas conductoras presentadas en Power Point.<br><br>Desarrollo<br><br>• Discuten respecto a la secuencia en que deberían abordarse estas preguntas para la elaboración del diseño una obra.<br>• Escuchan indicaciones del profesor sobre la secuencia de la tarea.<br>• Explican y comentan la secuencia en voz alta. | • Recoge experiencias previas sobre la construcción de obras y los aspectos que deben considerarse para ello.<br>• Muestra video corto con obra teatral y retroalimenta experiencias previas.<br>• Invita a algunos estudiantes a leer las preguntas conductoras para elaborar el diseño de la obra (amplifica tamaño de letra y contrastes si es requerido por algún estudiante).<br><br>• Media la planificación de la tarea invitando a los estudiantes a secuenciar las preguntas y a trabajarlas para diseñar el esquema inicial de una obra.<br>• Con base en las secuencias propuestas por ellos, construye una secuencia estable para el desarrollo de la tarea, la explica y retroalimenta. |

| Planificación 2 (orientada por el Diseño Universal de Aprendizaje) *(sigue)* | |
|---|---|
| **ACTIVIDADES DE LOS ESTUDIANTES** | **ESTRATEGIAS PEDAGÓGICAS** |
| • En equipos diseñan la obra con base a una pauta entregada por el profesor con las preguntas conductoras.<br>• Un representante de cada equipo presenta el tema central y sentido por comunicar.<br>• Comentan las presentaciones de los compañeros.<br><br>Cierre<br>• Responden preguntas sobre el trabajo. | • Indica sistemáticamente en voz alta los tiempos en que los equipos deben detenerse en cada pregunta para cumplir con la tarea y monitorea el avance.<br>• Solicita a cada equipo sacar un número que indica el orden para la presentación plenaria.<br>• Organiza el plenario, formulando preguntas e invitando al grupo a opinar sobre las presentaciones.<br><br>• Cierra invitando a los estudiantes a pensar sobre su trabajo mediante algunas preguntas: ¿Se coordinaron adecuadamente y respetaron los tiempos?, ¿qué les fue más fácil y más difícil?, ¿por qué es importante planificar nuestro trabajo?, ¿en qué otras situaciones debemos organizar nuestro trabajo? |
| **RECURSOS** | **INDICADORES DE LOGRO** |
| • Video corto.<br>• Presentación en Power Point con preguntas conductoras:<br><br>¿Qué queremos expresar?, ¿cuál es el tema específico que queremos desarrollar y para qué? ¿Qué momentos importantes debiera tener nuestra obra? ¿Qué personajes podríamos crear? ¿Qué recursos necesitamos para representar la obra? | • Cada equipo presenta un esquema inicial con la información básica para cada pregunta.<br>• Existe coherencia entre las respuesta dadas.<br><br>Para niños con déficit de atención:<br>• Explica la secuencia definida para establecer la tarea. |

De acuerdo con los principios y pautas del DUA, identificamos en la segunda planificación los siguientes aspectos.

- Respecto al primer principio (*proporcionar múltiples medios de representación*), se evidencia la posibilidad de que los niños reciban la información desde diversas fuentes: mediante el diálogo, el video y la lectura de preguntas presentadas en un formato tecnológico que permite personalizarlas. La conjunción de estas modalidades posibilita en mayor medida que los estudiantes representen el conocimiento. En el desarrollo de la actividad, y a partir de las

*El trabajo en pequeños grupos facilita la autonomía, autorregulación y capacidad de organización, además de promover la colaboración con otros.*

propuestas de los niños, la profesora explica la organización de las preguntas, comenzando con un esquema de relaciones apropiado a la tarea. Ella estimula la comprensión vinculando la tarea con los conocimientos previos de los alumnos, mientras que en el cierre procura que el aprendizaje trascienda a otras situaciones.

- El segundo principio (*proporcionar múltiples medios de acción y expresión*) se materializa en la diversidad de actividades propuestas para los estudiantes. Las oportunidades de expresión y fluidez surgen en los momentos en que se genera el diálogo, así como en el trabajo en pequeños grupos con el apoyo de un monitoreo sistemático y el apego a tiempos específicos, lo que facilita la efectividad de la tarea. Cada niño tiene la posibilidad de plantear sus perspectivas al trabajar en equipo. Las funciones ejecutivas se desarrollan expresamente durante la clase, puesto que se enseña a los alumnos a planificar la tarea mediante las preguntas conductoras. La profesora los lleva a pensar en cómo organizar la información y retroalimenta sus puntos de vista modelando un camino que los guíe.

- Finalmente, el tercer principio (*proporcionar múltiples medios de compromiso*) se proyecta al conectar el objetivo de la clase con las experiencias previas de los estudiantes y al proponer una actividad de creación colectiva, que implica diseñar la obra a partir de temas de interés. Se genera así el compromiso con la actividad. El trabajo en pequeños grupos facilita la autonomía, autorregulación y capacidad de organización, además de promover la colaboración con otros. En el cierre de la clase se propone un momento de análisis de la experiencia, síntesis y trascendencia de lo aprendido.

# Caso 2. "Teresita hace como que lee"

*La situación que se presentará* muestra la forma en que unas profesoras comprenden el proceso de inclusión educativa de una niña con síndrome de Down. La descripción se fundamenta en una experiencia de capacitación docente, en la cual se generó un diálogo entre ellas y los profesionales a cargo de la asesoría. Las temáticas de fondo en el análisis se relacionan con las *expectativas de aprendizaje* en el aula y la *evaluación del aprendizaje* de niños con discapacidad dentro de sistemas de educación regular.

## Descripción

Un grupo de treinta profesoras de educación básica de una escuela asiste a un curso de actualización docente con el fin de adquirir herramientas pedagógicas para trabajar con niños con discapacidad intelectual en el contexto del aula regular. En la primera parte del curso, en que se tratan fundamentos teóricos de la educación inclusiva, una docente comienza a relatar cómo se da en la escuela el proceso de integración de Teresita, niña con síndrome de Down integrada en cuarto grado básico:

"La verdad es que la integración de Teresita es una maravilla, fíjese que todas las mañanas sus compañeras sacan su carpeta de trabajo personal y se ponen a estudiar solas, porque nuestro sistema apunta a la autonomía... entonces la Teresita hace lo mismo, ella saca su carpeta y hace como que lee, mira a sus compañeras y las imita haciendo como que trabaja, entonces yo encuentro que eso es fantástico, porque Teresita se adapta a lo que hacen las demás... a mí no me importa si lee o no lee, lo que encuentro bueno es que ella trate de hacer lo que hacen sus compañeras."

Frente a esta apreciación de la docente, la profesional a cargo de la asesoría plantea algunas preguntas a las asistentes al curso: "¿Qué esperan que aprenda Teresita en el colegio?, ¿por qué Teresita tratará de imitar a sus compañeras?". Varias reflexionan en voz alta en torno a las interrogantes y señalan lo siguiente: "En términos generales, lo que importa es que Teresita venga contenta al colegio y que pueda socializar con sus compañeras", "Pienso que ella imita a las demás porque en el fondo quiere ser como ellas, ahora no sé si debe aprender a leer o si nosotros le podremos enseñar... es un poco difícil con tantas alumnas en el curso". Luego, se les consulta a las profesoras por el sentido y los procedimientos usados para evaluar a Teresita, frente a lo cual explican que como a ella no le gusta hacer actividades diferentes a sus compañeras, entonces le pasan las mismas pruebas y ella "hace como que las responde" o "si hay dibujos los pinta", pero finalmente la evalúan con la nota mínima para aprobar el curso.

Al cabo de un tiempo, cuando las profesoras conversaron con la educadora diferencial que trabajaba con Teresita y conocieron evidencias de su aprendizaje en guías de trabajo y cuadernos, comenzaron a proponerle metas más desafiantes y a darle más oportunidades para que alcanzara aprendizajes de mayor complejidad.

## 1. Análisis

### 1.1. ¿Qué conocimientos sobre educación inclusiva identificamos?

Al examinar los conocimientos sobre educación inclusiva presentes en este caso, se distingue una visión centrada en la inserción, más que en la inclusión. Las profesoras, como representantes del sistema educativo regular, no se responsabilizan del proceso de enseñanza y aprendizaje de Teresita, lo que se manifiesta en los siguientes aspectos.

Crear un aula inclusiva es un reto. Los profesores deben crear entornos de aprendizaje que valoren la creatividad, el potencial individual, las interacciones sociales, el trabajo cooperativo, la experimentación y la innovación.

- No tienen expectativas de aprendizaje de contenidos curriculares en relación con Teresita. Esperan que la estudiante "sea feliz" en la escuela, pero no le proponen una meta en términos de adquisición de conocimientos, pues en su opinión es irrelevante que la estudiante aprenda a leer. Tampoco tienen claro que la enseñanza de la lectura sea responsabilidad de la escuela.

- Debido a la ausencia de expectativas de aprendizaje curricular, el tema de la evaluación resulta una nebulosa que se resuelve aprobando a la alumna con las calificaciones mínimas, ya que si no se espera que aprenda, claramente no hay nada que evaluar.

- Las profesoras asumen que el objetivo de la estadía de Teresita en la escuela es que socialice, además de incorporar patrones de comportamiento normalizados a partir del contacto social con sus compañeras. Si bien el aprender a convivir con los demás con base en acuerdos sociales constituye un objetivo fundamental de un sistema educativo que pretende formar ciudadanos democráticos, para que resulte efectivo es muy importante también reconocer y aceptar que todos somos diferentes. Por lo tanto, cuando Teresita se esfuerza por "ser como las demás" y esto se considera positivo, hay riesgo de no trabajar con ella su propia identidad ni adquirir conciencia de sus particularidades. Entonces su diferencia queda anulada al valorar más su intento por ser igual a las demás.

En este punto del análisis cabe destacar que las profesoras están en un momento de aproximación a la temática, y no es extraño el sentido de sus respuestas, pues somos una sociedad que históricamente se ha inclinado por discriminar a quienes no se ajustan al comportamiento de la mayoría; de esta forma, para Teresita es una gran oportunidad estar en una escuela que decide formar a sus profesoras en la inclusión y que estas se formulen preguntas que les permitan tomar decisiones educativas más desafiantes para ella.

El trabajo cooperativo entre los profesores y la escuela es crucial en la planificación de las estrategias para afrontar la diversidad.

## 1.2. ¿Qué oportunidades y dificultades para el desarrollo de una educación inclusiva se evidencian?

Una oportunidad altamente relevante en este caso es la disposición de la escuela y las profesoras para llevar a cabo un curso de actualización que les permita reflexionar en torno a las estudiantes integradas. Sería distinto si solo se manejara este curso desde una perspectiva teórica, sin establecer relaciones con la práctica docente y las interrogantes concretas que surgen de ella. Este es el primer paso para transitar desde una perspectiva de inserción hacia un paradigma inclusivo y de respeto a las diferencias del otro.

Otra oportunidad que se aprecia es la apertura para recibir estudiantes con discapacidad. Esta experiencia permite generar nuevos conocimientos acerca de cómo enseñar a niños cuyas diferencias implican ampliar las posibilidades de decisión curricular.

Respecto a las dificultades, podemos considerar que la presencia de una perspectiva de inserción determina la falta de expectativas de aprendizaje y de visión en torno a qué evaluar del aprendizaje de Teresita y cómo. Esto se debe a que la inserción supone brindar un espacio físico al niño con discapacidad en el aula, mas no uno de enseñanza preparado para acoger a los estudiantes desde sus diferencias. En este sentido, una escuela inclusiva constituye un espacio donde existen expectativas de aprendizaje que no son iguales para todos, ya que dependen de los estilos de aprendizaje, intereses, conocimientos, competencias cognitivas y contexto cultural de cada niño, así como de las definiciones curriculares. Una vez que las expectativas se clarifican, es posible tomar decisiones sobre la evaluación identificando los desempeños específicos que permitirán interpretar si el aprendizaje se ha producido, y seleccionando los procedimientos e instrumentos de evaluación más adecuados.

*Una escuela inclusiva constituye un espacio donde existen expectativas de aprendizaje que no son iguales para todos, ya que dependen de los estilos de aprendizaje, intereses, conocimientos, competencias cognitivas y contexto cultural de cada niño.*

Otra barrera para la inclusión de Teresita en la escuela se relaciona con la manera como las profesoras conciben la *socialización*, reconociendo implícitamente en su discurso que la niña (alumna diferente) quiere ser como las demás (estudiantes "normales"); así, el término se refiere a la asimilación o adopción de los modelos de comportamiento dominantes. En este sentido, se valora que Teresita imite a sus compañeras, pues trata de igualarse a ellas, pero no se expresa preocupación por que se manifieste en su propia identidad o en su diferencia.

## 1.3. ¿Cómo transformamos las dificultades en oportunidades?

La lógica de transformación supone pasar del "hacer como que se lee" al de "leer propiamente". Para que Teresita aprenda a leer se requieren ciertas condiciones: la más importante es que sus profesoras tengan la expectativa de que lea, pero ¿cómo construir una expectativa positiva al respecto? Una herramienta poderosa consiste en demostrar con evidencias que el aprendizaje es posible. En este caso, cuando las maestras vieron los cuadernos y guías que trabajaba Teresita con la docente de educación especial, comenzaron a formarse una visión distinta, lo que se intensificó cuando la profesional que las asesoró en el curso conversó con ellas y les explicó sobre su estilo de aprendizaje y sus motivaciones. Es decir, el trabajo colaborativo entre profesionales contribuye a la construcción de expectativas de aprendizaje.

La segunda condición de cambio es que las expectativas se materialicen en metas de aprendizaje para un periodo determinado, por ejemplo, "al término del semestre, se espera que Teresita adquiera la conciencia fonológica y el conocimiento del alfabeto", dos predictores fundamentales para ser un buen lector. Este tipo de objetivos representa la concreción de un paradigma inclusivo, aunque no lo es todo; sin embargo, definir metas representa una muestra de las expectativas de un docente. Ahora bien, si se espera que Teresita lea textos complejos al término de un semestre, claramente habrá un alejamiento de un paradigma inclusivo y solo se generará frustración, tanto en la estudiante como en sus profesoras, por no cumplir ese propósito. En este contexto, resulta fundamental que Teresita se comprometa con sus propias metas y que estas respondan a sus necesidades, para que el aprendizaje sea significativo y se actualice en diversas situaciones.

La tercera condición radica en que las metas de aprendizaje, una vez formuladas, se traduzcan en desempeños específicos que constituyan las evidencias de logro de una expectativa determinada. En el caso de Teresita, se podría plantear como desempeño específico la identificación del nombre y sonido de por lo menos veinte letras del alfabeto y la demostración de conciencia fonológica en palabras con sílaba directa. Cuando se tenga claro este desempeño, se sabrá qué evaluar y será más fácil definir cómo hacerlo.

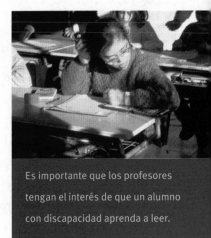

Es importante que los profesores tengan el interés de que un alumno con discapacidad aprenda a leer.

## Caso 3. Un asunto de integración

*En este caso se muestra cómo dos profesoras*, una de educación regular y otra de educación especial, se coordinan para trabajar con un estudiante con necesidades educativas especiales integrado en la escuela. Interesa recalcar la importancia de la *convivencia* entre docentes manifestada en el trabajo colaborativo, y el desarrollo de una *gestión curricular* que considera los estilos de aprendizaje de los alumnos al planificar la enseñanza. Cabe agregar que el niño integrado tiene baja visión, déficit cognitivo y de atención.

## Descripción

Lina es profesora nueva en la escuela y nunca ha trabajado con estudiantes con alguna necesidad educativa especial. María, la educadora diferencial y de apoyo, le explica a Lina las necesidades, fortalezas y debilidades de César, a nivel pedagógico y social. Ambas maestras se ponen de acuerdo para reunirse una vez por semana, con el fin de coordinarse para brindar a César una atención educativa adecuada este año. María le comunica a Lina cuáles fueron sus logros de aprendizaje el año pasado y los objetivos que el equipo de apoyo ha planteado para este año, además le muestra cuadernos de César que reflejan el tipo de actividades que acostumbra a realizar.

María le explica a Lina: "Mira este es el estilo de aprendizaje que se ajusta a César: las actividades hay que presentarlas paso a paso, con letra grande… porque él tiene agenesia del cuerpo calloso y se está quedando ciego. La discapacidad mental es fuerte, el problema conductual también es fuerte, pero la discapacidad visual es la más grave, lo hemos logrado identificar luego de un largo estudio con él" […]. María le comenta a Lina cómo trabajaban el año pasado con la profesora jefe (responsable) de ese curso, quien también diseñaba actividades para César: "Por ejemplo, si estábamos trabajando con la letra L, y ya se había logrado discriminación visual y escrita, entonces la profesora jefe le daba actividades enfocadas en ese objetivo: ya sea de recortar sílabas, armar palabras… entonces ella fortalecía lo que habían convenido". María le propone a Lina trabajar de la misma manera. Le muestra y explica que el cuaderno debe tener letra Arial, de 18 [puntos] hacia arriba, secuenciada, con colores, separada, con láminas, con pocos distractores porque tiene además un déficit de atención asociado. Las actividades deben ser cortas, pues él necesita sentir que lo logra rápidamente, porque también tiene un nivel de frustración alto, y se enoja y patea y tira las cosas. "El año pasado todos los días teníamos una queja de él con otro alumno. Porque él no ha desarrollado habilidades sociales como para decir no entiendo. Así que se chorea (enoja), tira las cosas y es violento, además tiene antecedentes familiares de violencia." María le muestra a Lina cómo se tiene que sentar César: "Que esté bien derechito, con la posición postural que no se fatigue, pues se fatiga con rapidez". Le insiste mucho en que debe usar lentes en la clase y en el recreo, porque él se cae bastante cuando no los usa.

La educadora de apoyo entrega su testimonio: "Me propuse trabajar con el papá y la mamá, porque como el papá decía una cosa y la mamá otra, había que hacer el puente. Y hacíamos el puente. En la mañana yo recibí muchas veces al papá. Le mostraba cómo trabajábamos con su hijo, cómo había que atenderlo, no había que hablar tanto con él, sino que había que hablar cortito, con trabajo dirigido. Fue bastante bueno porque ahí el papá puso la seguridad y la disciplina en César. Y la mamá puso la constancia... y ahora el niño está leyendo. Y este año, en lo que va del año, ¡[no] ha tenido una sola pelea! eso es un logro para él, es capaz de decir 'no sé', 'no entiendo', o bien 'quiero aprender'. Está trabajando conmigo descomposición numérica y las aditivas. Él al principio no lograba 10... ¡y ya pasó a 100! En lenguaje es bastante rápido, lo que nos muestra que no tiene tanta discapacidad intelectual... lo que pasa es que la parte ejecutora en él es más lenta. Él entiende lo que tiene que hacer, pero no sabe cómo hacerlo". (María, coordinadora de integración, escuela pública de Chile).

## 1. Análisis

### 1.1. ¿Qué creencias sobre educación inclusiva identificamos?

En este caso las profesoras asumen la responsabilidad del proceso de enseñanza y aprendizaje de César, dialogando en torno al tipo de decisiones que favorecen su aprendizaje. Las diferencias del estudiante, al menos algunas, no se anulan sino que se identifican claramente y se consideran al planificar la enseñanza.

Ahora bien, se trabaja con César desde una perspectiva de integración debido a que la educadora diferencial hace hincapié de manera exclusiva en adaptar el currículo regular en función de las *debilidades* del estudiante. No se aprecia una orientación inclusiva, pues se evidencian fundamentalmente las dificultades del alumno sin considerar su caso desde una perspectiva más integral que nos hable de quién es, cuáles son sus gustos, qué clases disfruta más, si tiene amigos, si juega en los recreos, si le gusta el futbol o el arte, qué piensa de la escuela o de sí mismo.

Hemos visto que en la integración rige el currículo regular, al cual el sujeto debe adaptarse según sus posibilidades; a diferencia de la inclusión, en que el sistema se organiza conforme a las características de los estudiantes, asumidos como personas completas, es decir, vistos en su integridad. En la situación de César conviven creencias vinculadas a un modelo médico, centrado en las carencias estructurales o funcionales del individuo y aquellas que incipientemente desplazan el meollo del problema hacia las condiciones que facilitan o dificultan el aprendizaje y se relacionan con decisiones externas al sujeto, por ejemplo, emplear textos con determinado tipo y tamaño de letra, proponer tareas cortas y fomentar el uso de los lentes, entre otras.

Al ofrecer sistemáticamente a un niño con baja visión las estrategias adecuadas, le estaremos dando la posibilidad de que avance en su aprendizaje de manera segura y confiada.

## 1.2. ¿Qué oportunidades y dificultades para el desarrollo de una educación inclusiva se evidencian?

Una oportunidad que se aprecia es la intención explícita de las maestras por educar y de que César aprenda. En este contexto, es altamente rescatable el conocimiento de la profesora diferencial respecto al estilo de aprendizaje del niño, ya que desde allí se facilita la toma de decisiones curriculares, lo que implica definir metas de aprendizaje, metodologías, recursos y procedimientos para evaluar los logros.

Otra clara oportunidad es la apertura al trabajo colaborativo entre las docentes, la cual es una práctica establecida en la escuela, puesto que una de ellas refiere cómo era esa labor con la profesora jefe del año anterior. Esto permite aprovechar de manera racional y articulada los apoyos al niño, involucrando a los padres como otra ayuda en el aprendizaje de su hijo.

Por otro lado, se detectan barreras en la forma en que las maestran entienden las problemáticas del aprendizaje del estudiante.

Al asumir que sus dificultades son producto de sus déficits, no hay una interpretación más amplia de su comportamiento y de los obstáculos que desde el entorno dan como resultado una disminución del aprendizaje y la participación. De hecho, las expectativas sobre el aprendizaje de César se reducen a la adquisición de contenidos pedagógicos y el aumento de comportamientos adaptativos. Sin embargo, no se sabe qué se espera de él en cuanto a su participación en el aula ni cómo lo aprendido puede proyectarse como un camino para elevar sus niveles de desarrollo cognitivo, su autonomía o la conciencia de sí mismo y de sus posibilidades.

## 1.3. ¿Cómo transformamos las dificultades en oportunidades?

Para convertir una experiencia de integración en una de inclusión, se requiere un trabajo reflexivo de los profesores que promueva el entendimiento de las diferencias sustanciales entre las lógicas de la inserción, la integración y la inclusión.

En el caso de César, sería conveniente plantearse metas orientadas al conocimiento y comprensión personal, lo que se puede desarrollar en dinámicas de trabajo grupal en que los niños se presenten a partir de preguntas específicas. También en actividades como la entrevista pueden conocer a otros compañeros más a fondo y así construir puntos de comparación "entre lo propio y lo del otro". Este tipo de ejercicios promueven una mayor solidaridad y colaboración entre los niños, pues al conocerse más se sientan las bases para construir relaciones de amistad.

Otro aspecto relevante consiste en orientar la enseñanza hacia la adquisición de competencias que impliquen mayor desafío cognitivo conforme a las carencias en las funciones ejecutivas de César, que implican la planificación del comportamiento para el logro de las metas propuestas. La mediación de las profesoras podría enfocarse en que el estudiante sea consciente de los pasos que sigue para efectuar una tarea, identificándolos gráficamente para integrarlos poco a poco en el esquema mental, y así emplearlos con eficacia en

*Para convertir una experiencia de integración en una de inclusión, se requiere un trabajo reflexivo de los profesores que promueva el entendimiento de las diferencias sustanciales entre las lógicas de la inserción, la integración y la inclusión.*

una nueva tarea. Para ello, es fundamental llevar al niño a verbalizar los pasos trabajados de manera sistemática.

## Caso 4. Aquí no sobra nadie

*La situación que se presenta enseguida* es la de una escuela inclusiva en contextos de pobreza y alta vulnerabilidad social. Se seleccionó de un trabajo efectuado en 2009 para la elaboración de un video sobre diversidad y convivencia en la escuela.

### Descripción

El director de una escuela pública ubicada en un sector con un alto índice de pobreza y vulnerabilidad social relata que 88% de los padres y madres de sus estudiantes no superan los siete años de escolaridad, lo que implica una primera situación de discriminación debido a que estas familias carecen de una fortaleza cultural que les permita "poner los estudios de sus hijos en un plano relevante vinculado a su futura calidad de vida". Luego, centrándose en las características de sus estudiantes, el director plantea lo siguiente:

"Yo creo que estos chicos van demostrando su déficit cuando se ven forzados a emigrar del sistema educacional, por la reiteración del fracaso escolar. Aquí nosotros tenemos habitualmente a niños que hacen dos o tres veces un curso, porque los déficit de atención, los trastornos generales u otros trastornos de aprendizaje sumados a los emocionales no le permiten al niño estar en condiciones de concentración".

Al respecto, una profesora del establecimiento educacional señala que "no es fácil trabajar con este tipo de niños", que son niños vulnerables, "huérfanos de padre con padres vivos", refiriéndose a la soledad en que muchos de estos estudiantes crecen, por la falta de apoyo de sus figuras parentales. Sobre este punto, otra profesora del establecimiento comenta que en los temas de conversación de los niños se reflejan las duras realidades a las que se enfrentan de manera cotidiana: "No es nada extraño que hablen sobre que fuman marihuana, que venden droga en la casa... 'mi papá consume droga', 'mi mamá vende hierba'".

El director del establecimiento educativo expone la complejidad de su escuela a partir de las características y experiencias de vida de sus estudiantes, además comenta lo difícil que es lidiar con algunas exigencias del entorno, sobre todo cuando se trata de evaluar a todos los estudiantes del sistema escolar del país con los mismos parámetros, sin considerar las diferencias estructurales entre quienes viven en situación de pobreza y vulnerabilidad social y quienes no: "Hay una tozudez, una ceguera en medir con el mismo instrumento a estudiantes que están privados, relegados culturalmente desde su cuna que a los jóvenes y niños de la sociedad que han tenido mayores oportunidades, eso ya es una discriminación...".

Al momento de referirse a los profesores de la escuela que lidera, el director plantea que los docentes que llevan mucho tiempo en el ejercicio de la profesión tienden a tener menos expectativas en el aprendizaje de los estudiantes que aquellos que son más jóvenes y llevan menos tiempo: "En las expectativas de la profesora joven, que va iniciando su carrera profesional, yo creo que hay crecientemente una mayor expectativa, hay una constatación de la enormes dificultades de aprendizaje que tienen nuestros estudiantes, pero a pesar de ello tienen una muy buena disposición a inculcar en los propios chiquillos que son capaces, que se la pueden y que tienen derecho". Esto se aprecia en lo que nos señalan las mismas profesoras más jóvenes, que han preferido trabajar en estos contextos, aun teniendo ofertas laborales en otro tipo de escuelas.

Sobre los temas de enseñanza, el director explica que un factor muy positivo para mejorar la educación de sus estudiantes ha sido la incorporación del arte, lo que ha incidido en la mejora de su autoestima y de la concentración para aprender:

"Incorporar actividades de arte o lúdicas que permita a los chicos generar autoestima, y ahí por ejemplo hemos tenido un proyecto súper interesante, que es la incorporación de la danza en las mujeres de pre-kinder a sexto año básico... ¿Por qué la danza?... para nosotros ha sido francamente el descubrimiento... que el desarrollo del arte permite, uno, mejorar crecientemente los niveles de concentración y [dos] al mejorar los niveles de concentración, mejorar la disposición al aprendizaje."

## 1. Análisis

### 1.1. ¿Qué conocimientos sobre educación inclusiva podemos reconocer?

Este es un caso muy nutrido de conocimientos sobre educación inclusiva. En primera instancia, el director de la escuela y los docentes reconocen que sus estudiantes tienen el *derecho a la educación*, y que esta contribuye a proyectar una mejor calidad de vida. Por otra parte, los actores educativos comprenden que la vida de los alumnos

Las actividades artísticas y recreativas constituyen un espacio de desarrollo personal y cognitivo.

está colmada de barreras para la inclusión en la sociedad, difíciles de modificar o de intervenir desde la escuela. Frente a ese escenario, la organización escolar no se derrumba, sino que busca alternativas de *pertinencia contextual* para superar esas dificultades desde su interior. No expulsa a los estudiantes por bajo rendimiento académico; más bien se preocupa por analizar sus situaciones de vida y brindar nuevas oportunidades que faciliten su disposición para el aprendizaje.

Otro aspecto relevante es la presencia de *expectativas de aprendizaje* por parte del director y del equipo docente, en especial de las profesoras más jóvenes. Sin expectativas no se hace efectiva la intención de educar ni se aprovechan las oportunidades que el espacio de la escuela puede ofrecer.

En estos testimonios se distingue la construcción de una comunidad educativa inclusiva, fundamentalmente porque la escuela se responsabiliza del aprendizaje de todos los niños, asumiendo las dificultades que afrontan. Las clases de danza para las niñas son un buen ejemplo de *gestión curricular*, ya que a partir de una actividad de interés para las estudiantes se pretende mejorar su disposición al aprendizaje. Muchas veces las actividades de educación artística, deportivas y recreativas constituyen un espacio de desarrollo personal y cognitivo muy valorado por los alumnos; en ellos ponen en juego funciones de exploración de información, definición de problemas, razonamiento lógico, planteamiento de estrategias, planificación del comportamiento y evaluación de hipótesis, que van configurando esquemas y patrones de conducta ante diversas situaciones de la vida.

Finalmente, nos parece importante que el director demuestre convicciones inclusivas, piense en una educación que se adapta a las necesidades de los estudiantes y sea capaz de efectuar un análisis crítico de las condiciones del entorno que generan mayor discriminación. Gracias a esto, su liderazgo no se pierde de lo relevante para dar una respuesta educativa acorde a los requerimientos de los alumnos.

## 1.2. ¿Qué oportunidades y dificultades para el desarrollo de una educación inclusiva se evidencian?

En este caso los principales obstáculos para el desarrollo de un buen aprendizaje se relacionan con las situaciones de vulnerabilidad social presentes en la población escolar. Además, se identifican dificultades relacionadas con las políticas educativas; aun así, el director y los docentes son capaces de situarse en los contextos de vida de los estudiantes, para diseñar desde allí un sistema educativo que intente funcionar de manera inclusiva.

El respeto a la diversidad se expresa en la decisión por acoger a los niños independientemente de su rendimiento académico. Esta escuela no funciona por el código de aprobación y reprobación para establecer quiénes están dentro y quiénes fuera, sino que define su misión de educar ajustándose a la realidad del otro.

Cada niño tiene características, intereses, capacidades y necesidades de aprendizaje que le son propios.

## 1.3. ¿Cómo transformamos las dificultades en oportunidades?

Aunque los principales obstáculos detectados están lejos del control de la escuela, el camino que esta ha iniciado considerando sus circunstancias se sitúa claramente en una perspectiva inclusiva donde "nadie sobra".

Es importante que las oportunidades que hoy día se están implementando en la escuela sean sistematizadas, de manera que se pueda demostrar con evidencias las metas propuestas. Por ejemplo, se necesita verificar que la actividad de danza es efectiva para mejorar la autoestima y concentración de las niñas; para ello se debe registrar el punto de partida antes de iniciar el trabajo y luego el punto de llegada. Dicha información sirve para ampliar las representaciones relativas a formas de enseñanza, sobre todo pensando en las profesoras con menos expectativas de aprendizaje de los alumnos. Ahora bien, si no hay logros en la autoestima ni la concentración, pero sí en otro aspecto que favorezca el aprendizaje y desarrollo, vale la pena también registrar esa experiencia y comunicarla a otros actores de la comunidad educativa. Esto permite generar un círculo virtuoso de análisis en torno a cómo educar mejor a los estudiantes.

## Caso 5. El género es un invento

*La situación que se describe enseguida* nos ayuda a pensar en la escuela inclusiva desde la variable del género, pues se desprende de un trabajo de asesoría educativa efectuado en 2010, en que se entrevistó a la máxima autoridad de una comuna con diecisiete escuelas públicas que atienden a poblaciones de escasos recursos.

## Descripción

En Chile, desde el año 2009 las políticas educativas han explicitado la necesidad de que los establecimientos educacionales públicos implementen iniciativas que incorporen el enfoque de género, con el fin de disminuir o eliminar posibles desigualdades dadas por esta variable. En la planificación anual de las comunas se solicita el análisis de información de los estudiantes desagregada por sexo, discriminados por su género, con el fin de identificar inequidades relativas a logros de aprendizaje en determinadas áreas del conocimiento, índices de repetición de curso, retención o abandono del sistema escolar, para luego establecer planes o acciones que tienden a reducir las brechas detectadas.

Revisado el plan anual de una de las comunas de Santiago de Chile se observó que este no contenía los requerimientos propuestos desde la política educativa, razón por la cual se solicitó información a la máxima autoridad comunal en el ámbito educativo, quien se refirió al tema en los siguientes términos:

—¡El género!, pero ¿de qué me están hablando? Si eso es un invento… tenemos que aceptar que las mujeres no somos iguales a los hombres, eso está totalmente comprobado, somos biológicamente distintos, funcionamos de otra manera, por eso los niños son más lógicos y tienen mejores resultados en matemáticas… además aquí nosotros nos preocupamos tanto de las niñas como de los niños, por eso tenemos una escuela para niñas especialmente, yo creo que somos de las pocas comunas que tenemos todavía una escuela para mujeres de manera exclusiva.

Finalmente, esta autoridad se negó a incorporar iniciativas de género en la planificación anual de la educación de su comuna, sin embargo, algunas escuelas se preocuparon por generar talleres de autocuidado en la perspectiva de prevenir el embarazo adolescente.

# 1. Análisis

## 1.1. ¿Qué conocimientos sobre educación inclusiva identificamos?

La persona responsable de liderar la gestión de varias escuelas públicas de una comuna (en un país donde el tema del femicidio constituye motivo de preocupación social) no tiene en cuenta las desigualdades entre hombres y mujeres, producto de una sociedad que ha relegado a la mujer a una función subordinada al hombre. Sus creencias le impiden comprender la importancia de asumir las orientaciones de las políticas educativas nacionales, que pretenden eliminar los obstáculos al aprendizaje y a la participación ocasionados por las brechas de género.

La educación que considera el enfoque de género posibilita la conformación de un sistema inclusivo; de otra manera, se vuelve invisible una realidad que en sí misma constituye una dificultad estructural para el desarrollo, no solo de un sistema educativo justo, sino de una sociedad con igualdad de oportunidades para mujeres y hombres.

*La educación que considera el enfoque de género posibilita la conformación de un sistema inclusivo.*

## 1.2. ¿Qué oportunidades y barreras para el desarrollo de una educación inclusiva se evidencian?

Las creencias de esta autoridad respecto al tema del género constituyen una gran barrera que determina que el sistema escolar no asuma una labor transformadora al construir un vínculo de colaboración y respeto entre mujeres y hombres.

La oportunidad está en las escuelas que a partir de liderazgos capaces de asumir los complejos desafíos de educar a los estudiantes de sectores vulnerables, pueden impulsar iniciativas como el desarrollo de talleres de autocuidado para la prevención del embarazo adolescente.

## 1.3. ¿Cómo transformamos las dificultades en oportunidades?

Con base en la información disponible para este caso, el cambio de barreras en oportunidades implica una labor activa de los equipos

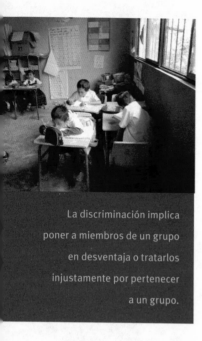

La discriminación implica poner a miembros de un grupo en desventaja o tratarlos injustamente por pertenecer a un grupo.

directivos, que deben alimentar la información diagnóstica del plan comunal colectivo con el fin de hacer ver a la autoridad la trascendencia de las políticas educativas para el fomento de una educación inclusiva.

Evidentemente, la tarea de los equipos directivos también se nutre de las propuestas hechas por los docentes inclusivos, al identificar tanto en el aula como en la escuela situaciones de inequidad entre niñas y niños. Por ejemplo, si en los recreos de una escuela solo los niños tienen la oportunidad de jugar futbol a pesar del interés de las niñas en este juego, entonces se trata de un caso de discriminación originado por los estereotipos sobre las actividades adecuadas para cada grupo en función de su sexo. Así, la construcción de género se fundamenta en creencias deterministas que descartan los deseos e intereses de las niñas. Estas situaciones deben discutirse entre docentes y directivos, con el propósito de brindar oportunidades de desarrollo integral para todos.

## Caso 6. Niños peruanos en una escuela chilena

*Esta situación se centra en la temática* de la diversidad cultural; se extrajo de una tesis de estudiantes del último año de Pedagogía Básica (Donoso y Sereño, 2009). Se muestra el análisis de la experiencia de una escuela chilena con alto porcentaje de matrícula de estudiantes de nacionalidad peruana, basada en la conversación sostenida con niños peruanos y chilenos.

## Descripción

Los niños chilenos sienten que no conocen bien a los niños peruanos. "Casi no sociabilizan con nosotros, se juntan con ellos, o sea con los mismos peruanos, se juntan entre ellos", fue la declaración de un niño chileno respecto a sus compañeros peruanos. También encuentran que son "tímidos", pero no mencionaron ninguna otra característica. Se puede inferir que los niños chilenos no conocen a los peruanos, no los ven como alguien cercano a quien conozcan, aun así no realizaron ningún juicio de valor contra sus compañeros peruanos, apreciándose que no sienten rechazo hacia ellos, sino más bien desconocimiento.

Respecto a la importancia que los niños chilenos le atribuyen a la participación de los niños peruanos dentro de la comunidad educativa, la mayoría considera importante la presencia de personas extranjeras, como son los niños peruanos, pero se observa a una minoría a quienes les es indiferente esta situación, lo que se manifiesta en la siguiente afirmación: "A mí me dan lo mismo, llenan espacio, si ellos están, están; me da lo mismo con quien". Se aprecia en este caso indiferencia ante el hecho de que los niños peruanos sean parte de la comunidad educativa, aun así la mayoría declara que le atribuye importancia a este hecho por diversas razones, como para conocer sus costumbres y saber de ellos.

Según las diversas afirmaciones expuestas por los niños de nacionalidad peruana se puede establecer que creen que los niños chilenos piensan que ellos son distintos, raros por su color de piel, como también creen que los niños chilenos "piensan que porque ellos nacieron en este país pueden mandar a los niños extranjeros". Vemos que los niños peruanos son más críticos en su visión, ya que piensan que los niños chilenos los miran mal, pero resulta que las afirmaciones dieron cuenta de lo contrario, los niños chilenos solamente los encuentran tímidos y un tanto aislados.

Los estudiantes chilenos afirman que en el colegio no se potencian efectivamente las relaciones humanas entre chilenos y peruanos para así mejorar su convivencia, según los niños, quienes deben encargarse de potenciar las relaciones solamente lo realizan de forma superficial y verbal, limitando que se genere una mejor convivencia escolar entre ambas culturas. Los niños chilenos establecen que el colegio solamente se limita a decir verbalmente que no molesten a los niños peruanos, que los integren, etcétera, no llevándose a cabo ninguna dinámica de acercamiento y aceptación del otro.

Un niño chileno afirma: "Yo, si me junto con ellos, me van a molestar y todo eso, prefiero juntarme con mi grupo". Los niños nos dejaron en claro que en los recreos sus compañeros peruanos se iban a juntar con los otros niños de su misma nacionalidad, por lo cual ellos no compartían, en otras palabras, no se juntaban peruanos y chilenos en el recreo. De estas narraciones se deduce que existe una segmentación entre niños peruanos y chilenos a la hora de escoger con quién compartir sus ratos libres, cada uno elige a compañeros de su misma nacionalidad, aun así nos contaron que en otro curso no se ve esta separación, y algunas veces se puede observar a niños chilenos y peruanos jugando a la pelota.

# 1. Análisis

## 1.1. ¿Qué conocimientos sobre educación inclusiva identificamos?

En el análisis presentado, así como en los discursos de los niños tanto chilenos como peruanos, se evidencia un difícil encuentro con el otro. Por ambos lados se reconoce que no existe una integración fluida entre ellos, pues tienden a juntarse con sus connacionales.

Desde el punto de vista del encuentro entre culturas, se advierte que el paradigma multicultural prevalece sobre el de la interculturalidad. Es decir, en esta escuela se acepta la presencia de niños de nacionalidades distintas; sin embargo, desde la gestión curricular no existen decisiones que hagan efectiva la valoración de las diferencias o el aprovechamiento de la diversidad como fuente de aprendizaje.

## 1.2. ¿Qué oportunidades y dificultades para el desarrollo de una escuela inclusiva se evidencian?

En primera instancia, se necesita reconocer como una oportunidad que gran cantidad de niños peruanos tenga acceso a la escuela chilena. Es difícil generar un proceso de inclusión atendiendo a la variable de diversidad cultural si no existen las condiciones para que el encuentro entre culturas sea posible.

Otra oportunidad se deprende cuando los mismos niños dan a entender que la falta de convivencia social entre sus pares de diferente nacionalidad no debería suceder y que la escuela debe responsabilizarse de esa situación.

Fundamentalmente se detectan dos barreras: la primera es que en la mirada de unos sobre otros prevalecen prejuicios y estereotipos, por encima de un conocimiento más profundo: los niños chilenos ven a los peruanos como tímidos y aislados, mientras que estos últimos sienten que aquellos los consideran inferiores "por su color de piel". El segundo obstáculo radica en la ausencia de decisiones curriculares (desde la percepción de los niños) que permitan la generación intencionada de espacios de encuentro para un mayor conocimiento intercultural.

*Es difícil generar un proceso de inclusión atendiendo a la variable de diversidad cultural si no existen las condiciones para que el encuentro entre culturas sea posible.*

## 1.3. ¿Cómo transformamos las dificultades en oportunidades?

El cambio de barreras por oportunidades implica decisiones de gestión curricular desde dos perspectivas que se detallan enseguida.

El racismo y la discriminación engendran conflictos graves y destruyen la libertad y la prosperidad de toda la comunidad.

- La primera se refiere a la adecuación de espacios en horas de clases con el fin de trabajar el reconocimiento de las diversas culturas identificando sus similitudes y diferencias. A partir de distinguir y valorar al otro se podrán generar nuevas formas de relación, identidades y prácticas sociales. Se requiere promover diálogos con los niños, desde que son pequeños, en torno a cómo afectan nuestras "ideas de los otros" en la manera de relacionarnos con ellos. En este caso, valdría la pena conversar, al inicio del año escolar, sobre cómo son los niños peruanos y los chilenos, y registrar estas primeras hipótesis para después de un tiempo contrastarlas con nuevas visiones que se vayan configurando.

- La segunda se relaciona con una gestión curricular de carácter transversal que oriente a los docentes a promover espacios de trabajo colaborativo en las distintas asignaturas, además de ofrecer espacios físicos, como diarios murales, para que niños de diversas nacionalidades tengan acceso a información relevante sobre su país y cultura, e incluso publiquen sobre ella.

La acción deliberada que produce acercamiento entre "otros" es lo único que puede derrumbar los prejuicios y estereotipos que impiden la integración cultural.

## Caso 7. Una buena experiencia curricular, una compleja omisión cultural

*Este caso sobre diversidad cultural* se centra en una escuela secundaria de zona rural y de origen indígena, que opera bajo la modalidad de Telesecundaria Vinculada con la Comunidad (TVC) de Tepexoxuca, Puebla. La comunidad es de origen náhuatl y ascendencia campesina, aunque solo los ancianos hablan la lengua materna. El registro corresponde a uno de los casos ("Comunidad educativa, ecología de saberes y trabajo: una telesecundaria vinculada con la comunidad") del proyecto Escuelas que construyen contextos para el aprendizaje y la convivencia democrática[3] en que participó la investigadora Graciela Messina.

## Descripción

Estamos en segundo grado. El taller es acerca del medio ambiente y de cómo lo cuidamos. Los estudiantes, unos doce, están sentados en círculo. El maestro está parado y propone una tarea: la elaboración de preguntas acerca del medio ambiente. Los estudiantes escriben preguntas en tarjetas, una pregunta por tarjeta. Empiezan el ejercicio. El maestro dice: "Vamos a organizar las preguntas, leyéndolas en voz alta y poniendo juntas las que son parecidas, *parientes*" [...]. El maestro los invita a pasar al frente y poner en el piso la tarjeta con la pregunta [...]. El primer estudiante lee su pregunta: "¿Qué podemos hacer con la basura?" El maestro propone: "Vamos a abrir una columna sobre basura". Otro estudiante tiene una pregunta sobre el cuidado del agua... se abre entonces una columna sobre el agua y así se van abriendo campos, uno tras otro: basura, agua, aire, calentamiento global. El maestro cede su lugar y se limita a decir: "¿Quién tiene una pregunta?, ¿la puedes leer?, ¿dónde la pondrían?" [...] juega con las relaciones entre lo general y lo particular, permite que se abran categorías, campo o áreas y que se agrupen y reagrupen. Al poco tiempo todo el grupo está de pie, mirando la construcción que se ha formado en el suelo. Para el maestro todas las preguntas son iguales, no descalifica ninguna, no ensalza tampoco... simplemente va oficiando de maestro de ceremonias para que vaya emergiendo una clasificación. Cuando un estudiante lee una pregunta que ya ha sido formulada, igual la valora y la incorpora al conjunto, al decir: "No importa que sea igual va allá" [...]. El principio es juntar-separar, unir-diferenciar o especificar. De este modo, se crean como unas ocho columnas: basura, agua, aire, mar, calentamiento global, selva, daños solares... El salón en que se encuentran está lleno de carteles con una línea de tiempo, que va desde la conquista de México por los españoles, hasta nuestros días. A medida que avanza el ejercicio, los estudiantes se van entusiasmando, se les nota las ganas de participar. Para la mitad de la sesión, la mayoría

---

3  Proyecto organizado por la Red Latinoamericana de Convivencia Escolar. El caso 21 se encuentra disponible en http://www.convivenciaescolar.net/wp/casos-de-escuelas

está arrodillada en el piso, observando la clasificación. En un momento, el maestro propone cambiar la clasificación; ahora se van a agrupar las preguntas según se haga referencia a una "problemática", por ejemplo, cuáles son las causas del calentamiento global, o a una solución, por ejemplo, cómo cuidar el agua. Y luego se les pide que al interior de cada una (problemáticas *versus* soluciones) diferencien columnas según temas o áreas: agua, basura, aire, y otras. Al final del ejercicio, el tema se ha abierto en subtemas, subtítulos, mientras los estudiantes están conscientes del ejercicio realizado, combinando análisis y síntesis. Ha tenido lugar la comprensión de que la pregunta abre el espacio, lo diferencia, lo determina.

## Otras observaciones de la investigadora respecto al sistema educativo estudiado

Alimentación, sexualidad, conocimiento del medio, toponimia, lugares sagrados... son algunos de los temas abordados en los talleres de investigación. Los docentes les enseñan a emplear distintas fuentes de investigación: de campo, documental, bibliográfica.

En cada grado se realizan tres talleres al año. En primer grado se trabaja: *a)* alimentación, de qué y cómo nos alimentamos; *b)* el lugar donde vivimos o taller de toponimia, y *c)* la tradición oral, mediante la recopilación de testimonios en la comunidad. Aquí se hace un diálogo con padres, abuelos, familiares, con ese grupo significativo de "los antepasados". En el segundo grado se trabajan otros tres campos: sexualidad, retomando el principio "juntos lo hacemos, juntos lo cuidamos"; medio ambiente (el cuidado del lugar en que vivimos) y la reparación de aparatos electrodomésticos. En tercer grado los proyectos se cambian por "proyectos individuales de investigación". Cada estudiante apoyado en su familia desarrolla un plan de investigación-acción, tales como hacer una estufa lorena (estufa hecha de lodo y arena), que gasta poco, armar un botellero o centro de acopio, cultivar hortalizas, llevar un proyecto de reforestación... hacer una lombricomposta, cultivar hortalizas ahorradoras de agua, organizar un vivero [...].

Los talleres de investigación o talleres de exploración se crearon desde el inicio del proyecto de las Telesecundarias Vinculadas a la Comunidad (TVC) hace 15 años atrás y han ido evolucionando. El propósito de estos es lograr que los estudiantes aprendan a construir el conocimiento en base a la indagación. Estos se relacionan con las asignaturas teóricas, así por ejemplo, uno de los maestros destaca: "En primer grado, el proyecto de alimentación se vincula con biología; el proyecto de toponimia, con geografía e historia; el proyecto de tradición oral se asocia con la elaboración y rescate de mitos; también en español trabajamos poesía...; en primer año, el principal vínculo es con biología, en segundo con física y en tercero con química" (Messina, 2011).

## 1. Análisis

### 1.1. ¿Qué conocimientos sobre educación inclusiva identificamos?

De esta experiencia sobresale la organización de un currículo pertinente al contexto social y natural en que se desenvuelven los estudiantes. En términos generales, se aprecia un enfoque inclusivo, pues los niños participan en la construcción curricular, definiendo dentro del programa las preguntas con las cuales se trabajará el contenido. La participación activa posibilita que sus percepciones, intereses e inquietudes configuren el principio articulador del proceso de enseñanza y aprendizaje. Se trata, en parte, de un currículo intercultural, ya que se propicia el diálogo entre los aportes teóricos-científicos y los conocimientos de la localidad, además de producirse un nexo entre teoría y práctica. Sin embargo, el rescate y la apropiación de la lengua materna constituye un aspecto fundamental que no se visibiliza en la construcción curricular de esta experiencia, lo que indica que si bien la labor docente se configura por criterios inclusivos, existe un "silencio" relacionado con un componente identificador crucial, que es propio de la comunidad a la que pertenecen los niños.

La escuela es un espacio clave para desarrollar el diálogo entre distintas culturas.

### 1.2. ¿Qué oportunidades y dificultades para el desarrollo de una escuela inclusiva se evidencian?

En este caso hay abundantes señales de oportunidad para el aprendizaje. Desde la perspectiva del DUA sobresale que las preguntas genuinas de los estudiantes se convierten, por medio de la puesta en marcha de proyectos de investigación, en puentes que conectan el conocimiento con sus inquietudes, intereses y representaciones. En este sentido, se les proporciona *múltiples medios de compromiso* que les incentivan a sentirse implicados y motivados para aprender.

Un medio de compromiso más generalizado dentro del currículo lo origina el desarrollo de un aprendizaje aplicado a los contextos de vida de los alumnos, donde la familia y la comunidad también participan en los procesos educativos. Se trata de un currículo significativo y un aprendizaje auténtico, que conecta el mundo de la experiencia y el del conocimiento. Mediante la investigación-acción, la vida cotidiana se convierte en objeto de estudio, reflexión y ensayo de nuevas formas de producción y recreación de la realidad; así, el aprendizaje cobra pleno sentido, pues se vuelve necesario y útil. Según registra la investigadora, los proyectos integran categorías teóricas con hechos de la comunidad, historias de vida, información demográfica, mapas, y tablas, entre otros. Los profesores dicen: "Los bajamos a la comunidad", para dar cuenta de esta relación entre teoría y experiencia. Más adelante Messina resalta: "Los proyectos de investigación no solo tienen por función concientizar a los estudiantes acerca del respeto a la naturaleza, sino producir un mejoramiento visible y de corto plazo en la comunidad donde viven los sujetos involucrados" (ídem). En este sentido, una oportunidad de compromiso vinculada a la anterior se relaciona con el *foco ético de la educación*, por medio de principios orientadores de las unidades. Así, "la idea del buen comer está presente como eje transversal en una parte de los talleres del primer año, mientras que el principio del buen vivir organiza los talleres del segundo" (Messina, ob. cit.). De esta manera los estudiantes adquieren conciencia de sí mismos y de las cualidades del mundo que habitan.

En la sesión de clases, además, se fomenta el interés mediante la autenticidad de la actividad que, a su vez, propicia la colaboración, interacción y comunicación entre los estudiantes. La labor del docente que media en los procesos educativos, estimulando la observación crítica e interrogación de la realidad como punto de partida para el aprendizaje favorece el compromiso. Además de cognitivo, dicho estímulo también es emocional, pues el profesor considera importantes las preguntas propuestas por cada estudiante y facilita el

*La labor del docente que media en los procesos educativos, estimulando la observación crítica e interrogación de la realidad como punto de partida para el aprendizaje favorece el compromiso.*

diálogo entre ellos al insertarlas en un marco común de interrogación sobre el medio ambiente, donde lo que aporta cada uno se tiene en cuenta.

A su vez, esta experiencia proporciona *múltiples medios de representación* y *múltiples medios de acción y expresión.*

Respecto a los medios de representación (veáse esquema 2, pauta 1, p. 73), la sesión de clase descrita evidencia que se *proporcionan opciones de percepción* alternativas como el uso de tarjetas y suelo para facilitar la información visual. Para la investigadora "se ha producido una trasposición interesante: los estudiantes han trabajado no solo con preguntas sino con el cuerpo y en el espacio, como si el hecho de ver el conjunto que se va formando, de arrodillarse y levantarse, les permitiera comprender mejor... como si la comprensión tuviera algo de kinestesia" (Messina, 2011). Sin embargo, no se propicia la comunicación en náhuatl, desperdiciando así la posibilidad de incorporar activamente el aprendizaje de la lengua materna de la comunidad.

Por otra parte, se proporcionan *modalidades alternativas para favorecer la comprensión*, al activar los conocimientos previos de los estudiantes sobre las problemáticas del medio ambiente en su comunidad. El profesor va guiando el proceso de las preguntas, estableciendo varias perspectivas para clasificarlas y relacionarlas entre sí: de lo particular a lo general, en áreas temáticas, problemáticas y soluciones.

En cuanto a los medios de acción y expresión, el docente va dificultando la tarea al establecer niveles sucesivos de categorías para organizar las preguntas y relacionarlas. Asimismo, desde una perspectiva global de desarrollo de los proyectos de investigación, sabemos que estos cumplen cabalmente con lo señalado en la pauta 6 del modelo DUA: "Proporcionar opciones para las funciones ejecutivas". Así es como se guía el establecimiento de objetivos, se apoya la planificación y estrategias de desarrollo, se facilita la gestión y uso de información, y se forma en la supervisión de los procesos.

A su vez, en el caso descrito existe un currículo que brinda opciones para la *composición y resolución de problemas* mediante planes de investigación en que los estudiantes ponen en práctica diversas habilidades para comprender y aplicar conocimientos, desde las más intelectuales, como el estudio del medio donde viven, hasta las más pragmáticas, como hacer una lombricomposta, cultivar hortalizas ahorradoras de agua u organizar un vivero. Estos procesos van estructurando las prácticas *de menos a más*, hasta llegar a proyectos de investigación-acción en tercer grado, como el de reforestación.

Por otro lado, una dificultad importante que encontramos es la ausencia de actividades orientadas al rescate y la conservación de la lengua náhuatl que solo hablan los abuelos. Cada lengua es un patrimonio cultural de gran valor, pues el mundo de significaciones y simbolizaciones de una cultura se construye mediante su uso; por lo tanto, si se deja de hablar se pierde la riqueza de una cultura. Para los pueblos, la vitalidad de sus lenguas constituye una seña de identidad y valorización de lo propio: "Hablar bien una lengua y tener un reconocimiento social por ello es tal vez la mejor muestra de vitalidad de la misma y uno de los recursos más importantes para revitalizarla o recuperarla según los casos" (UNESCO, 2004, p. 39).

Para reducir las barreras del aprendizaje, es importante asegurarse que todos los alumnos perciban la información de igual forma.

## 1.3. ¿Cómo transformamos las dificultades en oportunidades?

Una formación de calidad que respete plenamente la identidad cultural de los estudiantes requiere considerar e incorporar al proceso educativo la lengua, la cultura y los métodos de enseñanza tradicionales o adecuados para la comunicación y construcción del saber, de acuerdo con el artículo 5° de la DUDH.

En muchos lugares se ha ido perdiendo la lengua originaria, lo que motiva a los docentes a crear una metodología apropiada para su revitalización. Sin embargo, la escuela no es el lugar más apropiado para ello, pues por sí sola no puede enseñar de nuevo una lengua que se ha ausentado casi definitivamente de la comunicación social habitual; no obstante, puede contribuir a elevar el prestigio de quienes todavía la hablan y ofrecerles la oportunidad de que la usen más y mejor (Hirmas, 2007). Por ejemplo, se invita a los hablantes a asistir a la escuela para enseñarles y estimular el uso de la lengua originaria como segunda lengua. También se incorpora dentro del currículo su enseñanza, pero se requieren hablantes capaces de transmitir el conocimiento de ella. Mientras más temprano se aprenda, hay mayores posibilidades de que los niños la conserven, aunque lo óptimo es que su enseñanza se inicie en el hogar. En Oaxaca se ha vivido una experiencia significativa en el rescate y la conservación de la lengua con la creación de "nidos de la lengua", que son un "esfuerzo educativo de inmersión total en la lengua originaria con niños de 1 a 6 años de edad, especialmente en comunidades cuya lengua originaria ya no es la materna. Su propósito es crear un espacio y ambiente casi familiar donde los niños escuchan hablar solo la lengua originaria a las personas que todavía la hablan (ancianos) para que crezcan como nativo-hablantes. En muchos nidos también colaboran maestros más jóvenes, a veces con formación docente, que revitalizan su lengua originaria junto con los pequeños al involucrarse en el nido" (Meyer Lois, 2011).

## Actividades para equipos directivos y docentes

A partir de la revisión de los casos tratados en este capítulo, se pretende que los equipos directivos y docentes sistematicen información respecto a las barreras al aprendizaje y a la participación que detectan en su experiencia cotidiana en la escuela. Asimismo, se espera que propongan mejoras para transformar estas dificultades en oportunidades.

El objetivo de la educación es enseñar a los estudiantes cómo transformar el acceso a la información en conocimiento que se pueda utilizar.

## Actividad 1

Describan barreras al aprendizaje y a la participación que identifican en sus escuelas, en cuanto a las expresiones de diversidad que aparecen en el cuadro.

| EXPRESIÓN DE DIVERSIDAD | DESCRIPCIÓN DE LA SITUACIÓN |
|---|---|
| Diversidad respecto a ritmos o estilos de aprendizaje por presencia de NEE o situación de discapacidad | |
| Diversidad cultural por nacionalidad, etnia, lengua o religión | |
| Diversidad de género | |
| Diversidad respecto a situación social o económica | |

## Actividad 2

Propongan para cada situación descrita una mejora concreta que sea posible implantar a corto plazo.

| SITUACIÓN | PROPUESTA DE MEJORA EN EL CORTO PLAZO |
|---|---|
| | |
| | |
| | |
| | |

## Actividad 3

Para finalizar este trabajo, que sintetiza lo visto en los casos, los invitamos a reflexionar en torno a las siguientes preguntas:

*a)* En la escuela, ¿funcionamos más con el enfoque de inserción, de integración o de inclusión?, ¿en qué se refleja esto específicamente?

*b)* ¿En qué medida nuestras prácticas pedagógicas recogen los principios y pautas del Diseño Universal de Aprendizajes? Analícelo en relación con las nueve pautas.

*c)* ¿Cómo podemos consolidar en la escuela un modelo inclusivo? Plantee propuestas referidas a los factores institucionales o del docente que configuran una escuela inclusiva.

# CAPÍTULO III

# De cierre: nuestras creencias

Como ocurre la realidad, depende de cómo la miremos

(Danah Zohar)

*Nuestras creencias más arraigadas* están en la base de nuestra conducta y constituyen un entramado invisible que nos mueve en el establecimiento de vínculos con "los otros". Adquirir nuevas miradas del mundo, de la historia y de las personas forma parte del aprendizaje; esto implica atreverse a interrogar de manera crítica los juicios y relatos heredados. Le invitamos a revisar aquellas creencias que condicionan nuestra práctica docente, identificando los supuestos y prejuicios que hemos construido socialmente.

### Reineta al horno

A mi amiga Anita le quedaba muy rica su reineta marinada en salsa blanca (guiso de pescado). Un día le pedí la receta. Me dictó claramente los ingredientes y los pasos a seguir. De acuerdo con la receta familiar, había que cortarle la cola al colocarla en la bandeja del horno. Me extrañó un poco esa indicación, pero Anita no supo explicarme la razón. Supusimos ambas que se trataba de un secreto de cocina que le daba un sabor especial. Ese mismo día la madre de Anita llegó de visita, así que aproveché de preguntarle por la receta, y repitió exactamente la necesidad de cortarle la cola al colocarla en la bandeja. Extrañada le pregunté por el motivo, pero en respuesta me explicó: "Así se hace, así lo hacía mi madre, se trata de una vieja receta de familia". La curiosidad me invadió, así que decidimos salir de la incógnita y preguntarle a la abuelita de Anita. "Dígame cómo cocina la reineta en salsa blanca", le pregunté. Me explicó la receta completa, pero omitió alguna indicación sobre la cola. Extrañada le consulté si no cortaba la cola.

—No hijita, eso lo haces solo cuando la reineta no te cabe en la bandeja del horno... a mí me solía suceder porque tenía una bandeja muy pequeña...

Cuento popular

*El peso de la tradición vuelve incuestionables algunas formas de pensar y su transmisión intergeneracional las convierte en creencias.*

Esta breve anécdota familiar muestra cómo es tan fácil transmitir de generación en generación ciertas prácticas e ideas, sin que nunca se cuestione su sentido, origen o razón de ser. Simplemente se reproducen enseñanzas sin cuestionamientos. "Así se hace", dirán. Resulta sorprendente recabar información y descubrir que esas creencias carecen de sentido de acuerdo con la realidad. Así sucede en la manera como transmitimos de forma generacional conocimientos y experiencias. El peso de la tradición vuelve incuestionables algunas formas de pensar y su transmisión intergeneracional las convierte en **creencias**. Estas son estructuras mentales difíciles de cambiar que determinan nuestro comportamiento. Se tornan problemáticas cuando restringen las posibilidades de comprensión de la alteridad y de interacción con el otro.

**¿Qué alcance tienen nuestras imágenes de los demás?** Las imágenes sociales del otro pueden analizarse a la luz de tres dimensiones que se desprenden de la noción de *alteridad* u *otredad* trabajada por Todorov (2005) en su obra *La Conquista de América*.

La primera dimensión es la *epistémica*, relacionada con el tipo de *percepciones y conocimientos* sobre el otro. Responde a una pregunta esencial: *¿Quién es el otro?* La respuesta no es fruto de un discurso individual, sino de las creencias que construimos socialmente acerca de "los otros". Por ejemplo, para quienes no son personas con discapacidad la imagen del otro puede ser la de un enfermo, loco, discriminado o, tal vez, se cuestiona en tanto realidad (Ramos, 2008). En el caso de una persona perteneciente a una etnia, se le concibe como alguien inculto, poco capaz e improductivo, o bien como heredero de una sabiduría ancestral, o marginado del desarrollo.

La mayoría de veces la falta de conocimiento o ignorancia nos impide aceptar y valorar a los demás. Por lo tanto, primero deberíamos cuestionarnos acerca de nuestras percepciones y conocimientos sobre determinadas personas o grupos: homosexuales, indígenas, practicantes de otras religiones, etcétera.

La segunda dimensión es la *praxeológica*, entendida como *el acercamiento o alejamiento respecto al otro*. Para relacionarme con él puedo tomar tres posiciones distintas: adoptar sus valores en función de un proceso de identificación; asimilarlo a mi imagen y valores; o bien, reconocerlo y valorarlo como un legítimo otro, en cuyo caso genero condiciones para convivir en la diferencia, aceptando que sus sistemas de referencia del mundo sean otros (Todorov, ob. cit.).

Adquirir nuevas miradas del mundo, de la historia y de las personas forma parte del aprendizaje.

En el ámbito de la discapacidad, se tiende a la desvalorización y sobreprotección de la persona, lo que se ha transformado en "una herramienta para evitar el sufrimiento" (Avaria, 2004, p. 14). Pese a ello, se suelen generar escasas posibilidades de autonomía y desarrollo que lo "inhabilitan para la propia vida" (Liliana, 2008). En el caso de los migrantes, la relación cambia de acuerdo con el país de origen, aunque es común que se establezca una defensiva y excluyente, pues suelen considerarse una amenaza laboral. En cuanto a equidad de género, aún hay dominación y violencia hacia las mujeres, trato discriminatorio con bajos sueldos en el desempeño de tareas iguales a las de los hombres y exclusión de las decisiones políticas.

Cuando un grupo percibe a otro como una amenaza responde de diversas maneras (algunas muy extremas): algunos exaltan los símbolos y valores propios por considerarse superiores, otros imponen sus normas o leyes al grupo que consideran inferior, o bien, rechazan y atacan al que consideran una amenaza, del que piensan defenderse legítimamente.

Varias creencias se encuentran en la base de la violencia intrafamiliar contra las mujeres; a modo de ejemplo referimos las siguientes expresiones:

- "Un hombre no maltrata porque sí, ella también habrá hecho algo para provocarle".
- "Si una mujer es maltratada continuamente, la culpa es suya por seguir conviviendo con él".
- "Si se tienen hijas o hijos, hay que aguantar los maltratos por el bien de éstos".[4]

Así, se requiere cuestionar la manera de comportamos con ciertas personas, especialmente con aquellas hacia las que sentimos rechazo o cuya presencia nos incómoda.

La tercera dimensión es la *axiológica*: implica *un juicio de valor respecto a la bondad o la maldad del otro*, un reconocimiento de su igualdad o inferioridad desde un plano moral o ético. Respecto a la discapacidad, en algunas épocas de la historia las deficiencias se asociaron a la maldad y al castigo divino, por lo que hubo una representación social sobre el otro altamente desfavorecida en este plano (ob. cit.). En cuanto a los indígenas de Latinoamérica se suelen emitir juicios sobre su forma de ser (se les tilda de flojos, incultos o viciosos). Cabe señalar que la noción que construimos acerca de los demás, la relación que establecemos con ellos y los juicios éticos con que los calificamos, se influyen por la transmisión cultural

La discriminación obedece a distintas causas, pero el resultado siempre es el mismo: la negación del principio de igualdad.

4 Sitio http://fundacion-mavi.nireblog.com/post/2007/11/29/mitos-y-falsas-creencias-sobre-la-violencia-domestica-contra-las-mujeres

hegemónica, es decir, por la posición de los grupos dominantes en la historia de las sociedades.

Las creencias sobre nosotros mismos y sobre los otros se convierten en obstáculos infranqueables para crecer y permitir a otros desarrollarse; además, limitan las posibilidades de intercambio y mutuo enriquecimiento entre las personas. En el artículo 1° de la Declaración Universal sobre Diversidad Cultural se concibe la diversidad como fuente de intercambios, de innovación y creatividad: "La diversidad cultural es para el género humano, tan necesaria como la biológica para los organismos vivos" (2001). Si entendemos la cultura como "las formas de vivir juntos" (Cuéllar, 1996), entonces cuando nos dejamos conducir como sociedad por creencias prejuiciosas sobre los demás, empobrecemos la convivencia con ellos y nuestras posibilidades de desarrollo.

Si como sociedad nos dejamos influir por creencias prejuiciosas de los demás, afectamos la convivencia con ellos.

En el lenguaje común ese tipo de creencias se denominan *estereotipos*, se basan en *prejuicios* o valoraciones sobre los demás sin fundamento, y derivan muchas veces en *conductas discriminatorias*. Si bien son muy comunes, se debe tener en cuenta que simplifican la realidad; generalizan; resultan difíciles de cambiar; son falsos, inexactos, exagerados e infundados; influyen en las expectativas propias y sobre los otros; juegan un papel importante en la construcción de la identidad social; seleccionan la información que diferencia o crean distinciones cuando no existen; desconocen las características particulares de las personas u homogenizan dentro de un colectivo, y se convierten en justificadores o generadores de conductas (UNESCO, 2005, p. 226).

Por ejemplo, existe la creencia de que los hombres son más racionales que las mujeres, lo cual puede ocasionar que los profesores den la palabra preferentemente a los hombres en el aula. Si un docente transmite este prejuicio a los estudiantes, generará inseguridad en las niñas e incidirá en su participación. Los estereotipos que los adultos mantienen sobre los niños influyen en su autoconcepto y autoestima. El alumno que es calificado de flojo, tonto, etcétera, terminará por conformarse con esa imagen. Por consiguiente, estereotipos y prejuicios condicionan nuestro pensamiento y proceder, así como el de los demás.

Una de las mayores dificultades para erradicar la discriminación es reconocerla a nivel personal. Por ello, para eliminarla y disolver prejuicios en la escuela, es mejor comenzar por nosotros, los docentes.

| DIMENSIONES ACERCA DE LAS IMÁGENES SOCIALES DEL OTRO | | PREGUNTAS QUE NOS HACEMOS PARA AVANZAR EN LA INCLUSIÓN |
|---|---|---|
| Epistémica | Percepciones y conocimientos que poseemos acerca del otro | ¿Cuáles son mis creencias acerca de ciertos colectivos? Por ejemplo, sobre<br><br>• la capacidades de las personas de origen indígena,<br><br>• las conductas homosexuales,<br><br>• las capacidades intelectuales de las mujeres,<br><br>• la honestidad de los gitanos.<br><br>¿Qué pienso acerca de las siguientes opiniones sobre determinados colectivos?<br><br>• Los niños, niñas y adolescentes son sujetos incompletos.<br><br>• No es posible tratar a los niños con discapacidad como si fueran normales.<br><br>• De tal palo tal astilla (dicho popular). |

| | | |
|---|---|---|
| Axiológica | Juicio de valor respecto de la bondad o maldad del otro | ¿Qué pienso acerca de las siguientes creencias? ¿Estoy de acuerdo?, ¿por qué? ¿En qué conocimientos y supuestos fundo esos juicios?<br><br>• A quienes les va mal en la escuela es porque no se esfuerzan lo suficiente.<br><br>• Los jóvenes homosexuales están enfermos.<br><br>• Los jóvenes son violentos por naturaleza.<br><br>• Los pobres son así por flojos y poco perseverantes.<br><br>• Los niños con síndrome de Down habitan este mundo para enseñarnos sobre el amor. |
| Praxeológica | Acercamiento o alejamiento en relación al otro en función de las imágenes sociales | • ¿Qué grupos me producen rechazo e incomodidad? ¿Qué sé acerca de ellos? ¿Cómo actúo con personas pertenecientes a dichos grupos?<br><br>• ¿Me han discriminado alguna vez? ¿Formo parte de algún grupo susceptible de discriminación? ¿Qué he sentido?<br><br>• ¿Qué creencias en la escuela generan discriminación entre los estudiantes, entre alumnos y docentes, entre profesores y auxiliares, entre familias, entre familias y docentes o entre equipos profesionales de apoyo y profesores?<br><br>• ¿Cómo se pueden enfrentar las discriminaciones producidas por creencias que reflejan ignorancia respecto al otro?<br><br>• ¿Con qué estudiantes me cuesta más relacionarme o siento ciertos reparos? ¿Qué juicios tengo respecto a ellos?, ¿en qué creencias los baso? ¿Qué conozco acerca de ellos?, ¿cómo les afectan mis juicios? |

Le hemos invitado a dialogar en torno a la escuela inclusiva como un viaje, una oportunidad para acceder a otras comprensiones del universo, para dejarnos sorprender por el otro y construir nuevos mundos a partir de ese encuentro. Partimos del supuesto que la diversidad es la norma, y que justamente el intento infructuoso de igualar a los estudiantes ha obstruido la posibilidad de desarrollar el máximo potencial disponible en cada alumno. La diversidad constituye nuestra riqueza; una escuela inclusiva se propone visibilizarla, identificar las barreras y derribarlas para generar mejores condiciones de aprendizaje y participación. Este es uno de los más trascendentes desafíos de la escuela del siglo XXI.

# BIBLIOGRAFÍA

Alcalay, Lidia, "Comunidad y escuela", 2006, disponible en http://va-loras.uc.cl/wp-content/uploads/2010/10/comunidad_escuela.pdf

Ansión, Juan y otros, *Educar en ciudadanía intercultural. Experiencias y retos en la formación de estudiantes universitarios indígenas,* Chile, Fondo Editorial de la Pontificia Universidad Católica del Perú/Universidad de la Frontera, 2007.

Avaria, Andrea, "Discapacidad: Exclusión/Inclusión", *MAD*, núm. 5, 2004, disponible en http://www.sociales.uchile.cl/publicaciones/mad/05/paper07.htm

Barber, Michael y Mona Mourshed, *Cómo hicieron los sistemas educativos con mejor desempeño del mundo para alcanzar su objetivo,* McKinsey & Company, Social Sector Office, 2007, disponible en http://www.oei.es/pdfs/documento_preal41.pdfhttp://www.mckinsey.com/clientservice/socialsector/resources/pdf/Worlds_School_Systems_Final.pdf

Barros, Paula, "Exclusión social y ciudadanía", *Lecturas sobre exclusión social,* OIT Chile, 1996, disponible en http://www.oit.org.pe/WDMS/bib/publ/doctrab/dt_031.pdf

Barudy, J. y M. Dantagnan, *Los buenos tratos a la infancia. Parentalidad, apego y resiliencia,* Barcelona, Gedisa Editorial, 2009.

Blanco, Rosa, "Haciendo efectivo el derecho a una educación de calidad sin exclusiones", *Revista colombiana de educación,* núm. 54, ene-jun 2008, pp. 14-35.

_____, "La equidad y la inclusión social: uno de los desafíos de la educación y la escuela hoy", *Revista Iberoamericana Sobre Calidad, Cambio y Eficacia en Educación,* vol. 4, núm. 3, 2006, pp. 1-15, disponible en http://www.rinace.net/vol4num3.htm

_____, "La inclusión en educación: una cuestión de justicia y de igualdad', *Sinéctica,* núm. 29, agosto 2006-enero 2007, pp. 19-27.

_____, "Tendencias mundiales en la educación del alumnado con necesidades educativas especiales", en Fondo de las Naciones Unidas para la Infancia/Gobierno de Chile, *Seminario Internacional: Inclusión Social, Discapacidad y Políticas Públicas,* Santiago de Chile, 2005, pp.67-75.

Booth, Tony y Mel Ainscow, *Índice de inclusión. Desarrollando el aprendizaje y la participación en las escuelas* (trad. Ana Luisa López), Bristol, Centre for Studies on Inclusive Education, 2000.

Centro para la Tecnología Especial Aplicada, "Guía para el diseño universal del aprendizaje (DUA). Versión 1.0", 2008, disponible en http://www.uam.es/personal_pdi/stmaria/sarrio/DOCEN-CIA/ASIGNATURA%20BASES/LECTURAS%20ACCESI-BLES%20Y%20GUIONES%20DE%20TRABAJO/Diseno%20Universal%20de%20Aprendizaje.pdf

Comisión de Expertos en Educación Especial, *Nueva Perspectiva y Visión de la Educación Especial*, Santiago de Chile, Ministerio de Educación de Chile, 2004.

Comisión Económica para América Latina y el Caribe, *Panorama Social de América Latina*, Chile, CEPAL-ONU, 2005.

Comisión Mundial de Cultura y Desarrollo, "Nuestra Diversidad Creativa", Chile, UNESCO, 1996.

Consejo Económico y Social/Organización de las Naciones Unidas para la Educación, la Ciencia y la Cultura, *Right to Education. Scope and Implementation*, París, UNESCO, 2003, disponible en http://unesdoc.unesco.org/images/0013/001331/133113e.pdf

Consultora en Estudios, Asesorías y Planificación en Desarrollo Local, *Estudio a nivel muestral de la calidad del proceso de Integración Educativa*, Santiago de Chile, Ministerio de Educación, 2003.

Cullen, Carlos, *Autonomía moral, participación democrática y cuidado del otro*, Buenos Aires, Ediciones Novedades Educativas, 2004.

Delors, Jacques (coord.), *La educación encierra un tesoro*, París, Ediciones UNESCO, 1996, disponible en http://www.unesco.org/education/pdf/DELORS_S.PDF

Departamento de Educación Diferencial-Universidad Metropolitana de Ciencias de la Educación, "Estudio de la Calidad de la Integración Escolar", Santiago de Chile, Ministerio de Educación, 2006-2007.

Donoso P., Sereño C., *Diversidad cultural: institucionalización de prácticas en una escuela de Santiago, en torno a la integración de niños peruanos*, tesis de licenciatura en Educación, Santiago, Universidad Diego Portales, 2009.

Echeverría, Rafael, *Ontología del lenguaje*, 5ª ed., Santiago, Dolmen Ensayo, 1998.

Girola, Claudio, *Contemporaneidad de la escultura*, Viña del Mar, Taller de Investigaciones Gráficas-Escuela de Arquitectura y Diseño UCV, 1982, disponible en http://wiki.ead.pucv.cl/index.php/Contemporaneidad_en_la_Escultura

Goleman, David, *La inteligencia emocional*, Buenos Aires, Javier Vergara Editor, 1996.

Held, David, *Modelos de democracia*, Madrid, Alianza Ensayo, 2002.

Hirmas, Carolina, "Colegio Municipal República del Líbano", en Red Latinoamericana de Convivencia Escolar, *Escuelas que construyen contextos de aprendizaje y convivencia democrática*, disponible en http://www.convivenciaescolar.net/wp/casos-de-escuelas

——, *Educación y Diversidad Cultural. Lecciones aprendidas desde la práctica innovadora en América Latina*, Santiago de Chile, OREALC/UNESCO, "Colección Innovemos", 2007.

——, y Mauro Stingo, *Escuela rural: historias de microcentros*, Santiago de Chile, Ministerio de Educación, 2000.

——, y otros, *Políticas educativas de atención a la diversidad cultural. Brasil, Chile, Colombia, México y Perú*, Santiago de Chile, OREALC/UNESCO, 2005.

Kaetsu, Noboru, *Children full of life*, 49:10 min, Japón, Japan Broadcasting Corporation, NHK, 2004, disponible en http://www.youtube.com/watch?v=Pb_ZJ_xnx6I. El documental ha recibido el Gran Premio del Festival de Banff 2004, la medalla de bronce en el Festival de Nueva York, el Gran Premio en el Festival de Televisión del Japón y la Medalla de Oro en el Festival Internacional de Estados Unidos de Religión, Ética y Humanidades.

López, Gema, "Escuela primaria 'La Esperanza'", en Red Latinoamericana de Convivencia Escolar, Escuelas que construyen contextos de aprendizaje y convivencia democrática, 2011, disponible en http://www.convivenciaescolar.net/wp/casos-de-escuelas

Marina, José Antonio y Rafael Bernabeu, *Competencia social y ciudadana*, Madrid, Alianza Editorial, 2007.

Mascareño, Aldo, "La imposibilidad de la educación por la vía educativa", en Primer Seminario de Derecho Social: Aproximaciones a la igualdad de oportunidades, Valparaíso, Facultad de Derecho-Pontificia Universidad Católica de Valparaíso, 2005, disponible en http://utpchpm.blogspot.com/2006/05/la-imposibilidad-de-la-igualdad-por-la.html

————, "La ironía de la educación en América Latina", *Revista Nueva Sociedad,* núm. 165, 2000.

Maturana, Humberto y N. Nisis, conferencia dictada en el congreso "Mitos, obstáculos y entrampes en el trabajo de la familia", Santiago de Chile, 1994.

Milicic, Neva, *Creo en ti: La construcción de la autoestima en el contexto escolar*, Santiago de Chile, Ediciones LOM, 2001.

Messina, Graciela, "Comunidad educativa, ecología de saberes y trabajo: una telesecundaria vinculada con la comunidad", en Red Latinoamericana de Convivencia Escolar, Escuelas que construyen contextos de aprendizaje y convivencia democrática, 2011, disponible en http://www.convivenciaescolar.net/wp/casos-de-escuelas

Meyer, Lois, "Los nidos de la lengua de Oaxaca", en Red Latinoamericana de Convivencia Escolar, Escuelas que construyen contextos de aprendizaje y convivencia democrática, 2011, disponible en http://www.convivenciaescolar.net/wp/wpcontent/uploads/2010/10/Caso%208%20Los%20nidos%20de%20lengua%20de%20Oaxaca.pdf

Oficina Regional de Educación para América Latina y el Caribe-Organización de las Naciones Unidas para la Educación, la Ciencia y la Cultura, *Educación de calidad para todos: un asunto de derechos humanos*, Santiago de Chile, OREALC/UNESCO, 2007, disponible en http://unesdoc.unesco.org/images/0015/001502/150272s.pdf

Organización de las Naciones Unidas, Convención internacional sobre la eliminación de todas las formas de discriminación racial, Nueva York, OACDH, 1965, disponible en http://www2.ohchr.org/spanish/law/cerd.htm

————, Convención sobre la eliminación de todas formas de discriminación contra la mujer, Nueva York, Departamento de Información Pública de las Naciones Unidas, 1979, disponible en htpp//www.unhchr.ch/spanish/html/menu3/b/e1cedaw_sp.htm

————, Convención sobre los derechos de las personas con discapacidad, Nueva York, ONU, 2006.

————, Convención sobre los Derechos del Niño, 1989, disponible en http://www2.ohchr.org/spanish/law/crc.htm

————, Declaración de las Naciones Unidas sobre los derechos de los pueblos indígenas, Nueva York, ONU, 2006.

————, Declaración Universal de los Derechos Humanos, Nueva York, ONU, 1948, disponible en http://www.un.org/spanish/aboutun/hrights.htm

————, Pacto Internacional de Derechos Económicos, Sociales y Culturales, Nueva York, OACDH, 1966, disponible en http://www2.ohchr.org/spanish/law/cescr.htm

————, Organización de las Naciones Unidas para la Educación, la Ciencia y la Cultura, Convención contra toda Forma de Discriminación en Educación, París, 1960, disponible en http://unesdoc.unesco.org/images/0011/001145/114583s.pdf#page=119

————, Laboratorio Latinoamericano de Evaluación de la Calidad de la Educación, *Los aprendizajes de los estudiantes de América Latina y el Caribe*, Santiago de Chile, OREALC/UNESCO, 2008, disponible en http://unesdoc.unesco.org/images/0016/001606/160660s.pdf

————, Laboratorio Latinoamericano de Evaluación de la Calidad de la Educación, *Factores asociados al logro cognitivo de los estudiantes de América Latina y el Caribe,* Santiago de Chile, OREALC/UNESCO, 2010, disponible en http://unesdoc.unesco.org/images/0018/001867/186769S.pdf

Quiroga, Ana de, *Matrices de aprendizaje: constitución del sujeto en el proceso de pensamiento,* 3ª ed., Buenos Aires, Ediciones Cinco, 1994.

Ramos, Liliana, "Influencia de la formación inicial docente en las representaciones sociales sobre la discapacidad de futuros/as profesores/as de educación básica", tesis de maestría, Santiago de Chile, Universidad de Chile, 2009.

Rojas, Pablo, "Aprender a ser. Una necesidad declarada para el sistema escolar", tesis de maestría, Santiago de Chile, Universidad Alberto Hurtado, 2007.

Ruillier, Jérome, "Por cuatro esquinitas de nada", disponible en http://www.youtube.com/watch?v=OVf1GhKDtW8

Savater, Fernando, "Educar, un acto de coraje", en Gómez, Hernando (dir.), *Educación: La agenda del siglo XXI,* Bogotá, TM Editores, 1998.

Sen, Amartya, *A Invertir en la infancia: su papel en el desarrollo,* París, 1999.

Senge, Peter, *La quinta disciplina en la práctica,* Barcelona, Ediciones Juan Granica, 2004.

Skliar, Carlos, "Educar a cualquiera y a cada uno. Sobre el *estar-juntos* en la educación", en Organización de las Naciones Unidas para la Educación, la Ciencia y la Cultura/Ministerio de Educación de España, *VI Jornadas de Cooperación Educativa con Iberoamérica sobre Educación Especial e Inclusión Educativa. Estrategias para el desarrollo de escuelas y aulas inclusivas,* Santiago de Chile, OREALC/UNESCO, 2011, pp. 117-132, disponible en http://unesdoc.unesco.org/images/0019/001931/193130s.pdf

Todorov, Tzvetan, *La Conquista de América. El problema del otro*, México, Siglo XXI Editores, 2005.

Uribe, Patricia (coord.), *Declaración Universal sobre la Diversidad Cultural* (trad. Susana Finocchietti), Perú, Organización de las Naciones Unidas para la Educación, la Ciencia y la Cultura, 2004, disponible en http://unesdoc.unesco.org/images/0012/001271/127162s.pdf

Villoro, Luis, *El poder y el valor. Fundamentos de una ética política*, México, Fondo de Cultura Económica/El Colegio de México, 1997.

Warnock, Mary, *Meeting Special Education Needs*, Londres, Her Britannic Majesty's Stationary Office, 1981.

Wheatley, Margaret y Myron Kellner-Rogers, "La paradoja y las perspectivas de la comunidad", en Hesselbein, Frances y otros (comps.), *La comunidad del futuro*, Barcelona, Ediciones Granica, 1999, pp. 27-38.

**El viaje hacia la diferencia**
Se terminó de imprimir en noviembre de 2013,
en Duplicate Asesores Gráficos, S.A. de C.V.,
Callejón San Antonio Abad núm. 66, Col. Tránsito,
C.P. 06820, Cuauhtémoc, México, D.F.
En su composición se emplearon los tipos
Century Schoolbook y Meta Plus.